Descobrir Jogos Online Grátis

Disponível Aqui:

BestActivityBooks.com/FREEGAMES

5 DICAS PARA COMEÇAR

1) CÓMO RESOLVER LAS SOPA DE LETRAS

Os puzzles têm um formato clássico:

- As palavras estão escondidas sem espaços ou hífenes,...
- Orientação: As palavras podem ser escritas para a frente, para trás, para cima, para baixo ou na diagonal (podem ser invertidas).
- As palavras podem sobrepor-se ou intersectar-se.

2) APRENDIZAGEM ACTIVA

Ao lado de cada palavra há um espaço para anotar a tradução. Para encorajar a aprendizagem activa, um **DICIONÁRIO** no final desta edição permitir-lhe-á verificar e expandir os seus conhecimentos. Procure e anote as traduções, encontre-as no puzzle e adicione-as ao seu vocabulário!

3) MARCAR AS PALAVRAS

Pode inventar o seu próprio sistema de marcação - talvez já use um? Pode também, por exemplo, marcar palavras difíceis de encontrar com uma cruz, palavras favoritas com uma estrela, palavras novas com um triângulo, palavras raras com um diamante, e assim por diante.

4) ESTRUTURANDO A APRENDIZAGEM

Esta edição oferece um **CADERNO DE NOTAS** prático no final do livro. Nas férias, em viagem ou em casa, pode facilmente organizar os seus novos conhecimentos sem a necessidade de um segundo caderno!

5) JÁ TERMINOU TODAS AS GRELHAS?

Nas últimas páginas deste livro, na secção **DESAFIO FINAL**, encontrará um jogo gratuito!

Rápido e fácil! Consulte a nossa colecção de livros de actividades para o seu próximo momento de diversão e **aprendizagem**, a apenas um clique de distância!

Encontre o seu próximo desafio em:

BestActivityBooks.com/MeuProximoLivro

Aos vossos lugares, preparem-se...Vão!

Sabia que existem cerca de 7.000 línguas diferentes no mundo? As palavras são preciosas.

Adoramos línguas e temos trabalhado arduamente para criar livros da mais alta qualidade para si. Os nossos ingredientes?

Uma selecção de tópicos adequados à aprendizagem, três boas porções de entretenimento, e depois acrescentamos uma colherada de palavras difíceis e uma pitada de palavras raras. Servimo-los com amor e máximo divertimento, para que possa resolver os melhores jogos de palavras e se divirta a aprender!

A sua opinião é essencial. Pode participar activamente no sucesso deste livro, deixando-nos um comentário. Gostaríamos de saber o que mais lhe agradou nesta edição.

Aqui está um link rápido para a sua página de encomendas:

BestBooksActivity.com/Avaliacoes50

Obrigado pela vossa ajuda e divirtam-se!

A Equipa Inteira

1 - Dirigindo

```
V  X  F  A  R  A  M  D  U  D  W  A  T  B
Ä  M  O  T  O  R  C  Y  K  E  L  J  B  R
G  A  R  A  G  E  D  O  K  A  R  T  A  Ä
A  T  J  F  P  W  P  C  P  N  G  R  G  N
T  P  W  E  O  L  Y  C  K  A  G  A  O  S
A  L  B  I  L  T  C  C  W  P  K  F  T  L
Z  D  M  Z  I  R  G  J  K  C  S  I  Y  E
B  R  O  M  S  A  R  Ä  X  K  L  K  B  A
U  S  P  D  Z  V  A  R  N  I  N  G  A  S
M  D  M  P  G  J  M  P  W  G  H  R  D  B
O  G  A  F  K  U  W  N  Y  L  A  P  K  I
T  N  M  D  T  R  A  N  S  P  O  R  T  L
O  L  I  C  E  N  S  Ä  K  E  R  H  E  T
R  T  U  N  N  E  L  B  W  W  T  G  L  L
```

OLYCKA	MOTORCYKEL
BIL	MOTOR
BRÄNSLE	FOTGÄNGARE
VARNING	FARA
VÄG	POLIS
BROMSAR	GATA
GARAGE	SÄKERHET
GAS	TRANSPORT
LICENS	TRAFIK
KARTA	TUNNEL

2 - Atividades

```
H J L D M M A G I W Y M F W
L A U E A G Å N J A R F O J
T K N Ö J E N L D K T I T B
I T J T E L M S N T H S O F
H G M W V W K M V I P K G R
L U F K N E E V A V N E R I
P Ä F R U H R M N I D G A T
I S S P E L A K D T I C F I
K U W N E H M O R E U T I D
M F J H I I I N I T G Z K G
T G L T A N K S N A P O T B
Y J N J R Z G T G N V C V A
T U A D F Ä R D I G H E T J
J R X R I N T R E S S E N K
```

KONST	INTRESSEN
HANTVERK	SPEL
AKTIVITET	FRITID
JAKT	LÄSNING
VANDRING	MAGI
KERAMIK	FISKE
FOTOGRAFI	MÅLNING
FÄRDIGHET	NÖJE

3 - Churrascos

```
C P H K K K I R O G P G O Y
N E U T M X T X U R W H L W
S P N P M U S I K Ö I C U P
I P G R I L L Å V N G U N N
N A E M S T G X S S J V C B
B R R L R C U V B A R N H V
J K S O M M A R F K X R N A
U N E S A L L A D E R V S R
D I M F A M I L J R V A N M
A V A O G L M I D D A G Z Z
N A U J Z A T W Z I E O W C
S R L N G D K Y C K L I N G
T O M A T E R F R U K T V P
P R B Y I W X D E C V T F G
```

LUNCH	SPEL
INBJUDAN	GRÖNSAKER
BARN	SÅS
KNIVAR	MUSIK
FAMILJ	PEPPAR
HUNGER	VARM
KYCKLING	SALT
FRUKT	SALLADER
GRILL	TOMATER
MIDDAG	SOMMAR

4 - Pesca

```
C B R X W H N F T A H M G P
J A E S C K Ä K E C R X Ä D
W D S T T R Y O W N K E L J
F L O D E O F C L Y O M A S
W B T T Z K L K B V G R R J
V A T T E N G X Å P M P I Ö
Y Y H H S V M Z T Y M K L V
N K Z A A T T Å L A M O D E
G O V V P G R S Ä S O N G R
U R N I K J M A R I P O L D
I G D K B C O D N X V P C R
G P W T G B L R J D W L J I
C T R H Y M N T R Å D S G F
U T R U S T N I N G P U H T
```

VATTEN   BETE
FENOR   SJÖ
BÅT   KÄKE
GÄLAR   HAV
KORG   TÅLAMOD
KOCK   VIKT
UTRUSTNING   STRAND
ÖVERDRIFT   FLOD
TRÅD   SÄSONG
KROK

5 - Geologia

```
K  S  Y  C  D  P  D  S  S  Z  O  N  M  M
A  L  L  J  C  L  A  V  A  Y  Y  S  I  U
L  A  G  E  R  A  B  U  C  S  R  B  N  G
C  K  R  I  S  T  A  L  L  E  R  A  E  K
I  B  O  H  V  Å  L  N  A  Y  J  W  R  V
U  K  T  J  E  U  K  D  Y  U  E  N  A  A
M  O  T  S  T  A  L  A  K  T  I  T  L  R
S  R  A  S  T  E  N  K  G  N  O  E  E  T
F  A  P  O  F  M  V  O  A  L  H  R  R  S
Z  L  L  J  L  A  W  F  U  N  T  O  C  X
D  L  F  T  X  F  O  S  S  I  L  S  M  Z
G  K  O  N  T  I  N  E  N  T  B  I  B  A
J  O  R  D  B  Ä  V  N  I  N  G  O  O  S
S  T  A  L  A  G  M  I  T  E  R  N  P  G
```

SYRA	FOSSIL
LAGER	LAVA
GROTTA	MINERALER
KALCIUM	STEN
KONTINENT	PLATÅ
KORALL	KVARTS
KRISTALLER	SALT
EROSION	JORDBÄVNING
STALAKTIT	VULKAN
STALAGMITER	ZON

6 - Móveis

```
F  Å  T  Ö  L  J  G  Z  N  X  U  B  H  S
U  S  K  N  M  S  A  Z  M  E  U  Y  Ä  Ä
T  K  U  D  D  A  R  J  Z  H  A  R  N  N
O  R  D  W  G  H  D  J  G  F  G  Å  G  G
N  I  D  R  T  X  I  R  K  S  U  G  M  M
B  V  E  T  Y  A  N  H  A  R  G  Y  A  A
O  B  R  B  C  U  E  M  B  S  X  Z  T  T
K  O  B  Ä  N  K  R  N  C  T  S  I  T  T
H  R  S  H  H  F  H  R  P  O  V  G  A  A
Y  D  L  O  F  Y  R  C  W  L  J  U  O  H
L  V  M  U  F  E  L  R  T  T  D  B  C  Z
L  I  Z  D  D  F  J  L  S  P  E  G  E  L
A  F  Y  K  V  Y  A  L  O  S  U  T  O  O
R  V  J  H  A  D  V  B  L  R  S  K  L  G
```

KUDDE	BOKHYLLA
KUDDAR	FUTON
BÄNK	HÄNGMATTA
STOL	SKRIVBORD
SÄNG	FÅTÖLJ
MADRASS	HYLLOR
GARDINER	SOFFA
BYRÅ	MATTA
SPEGEL	

7 - Tempo

```
N  Ö  Å  R  H  U  N  D  R  A  D  E  Y  Y
U  I  G  H  X  W  L  Å  R  Å  N  A  T  T
W  G  M  O  R  G  O  N  H  R  J  F  R  M
H  Å  Å  U  N  R  C  Å  F  L  M  Ö  A  G
V  R  N  H  N  B  N  R  S  I  I  R  F  O
K  N  A  H  A  G  L  T  V  G  N  E  X  P
A  L  D  I  D  A  G  I  E  X  U  V  N  Y
L  X  O  O  T  N  P  O  C  V  T  B  H  O
E  T  J  C  R  L  B  N  K  K  Z  E  C  M
N  N  I  R  K  P  H  D  A  G  M  Y  T  S
D  V  Z  M  K  A  Y  E  M  I  D  D  A  G
E  I  R  P  M  G  S  G  X  Y  K  X  P  L
R  Y  U  X  M  E  B  O  T  V  F  K  R  B
F  R  A  M  T  I  D  K  N  D  Y  A  O  V
```

NU	MORGON
ÅR	MIDDAG
FÖRE	MÅNAD
ÅRLIG	MINUT
KALENDER	ÖGONBLICK
ÅRTIONDE	NATT
DAG	IGÅR
FRAMTID	KLOCKA
IDAG	VECKA
TIMME	ÅRHUNDRADE

8 - Astronomia

```
H  J  G  B  K  O  E  S  O  L  K  V  F  Z
D  L  X  A  W  W  P  T  B  D  O  V  Ö  O
V  H  U  S  F  Z  Z  R  S  A  N  G  R  A
L  L  J  T  A  D  C  Å  E  G  S  A  M  X
X  W  F  R  S  O  M  L  R  J  T  L  Ö  R
Y  U  R  O  T  T  H  N  V  Ä  E  L  R  T
P  L  A  N  E  T  I  I  A  M  L  V  K  D
W  U  K  O  R  X  M  N  T  N  L  A  E  B
W  Z  E  M  O  K  M  G  O  I  A  R  L  M
L  Y  T  Y  I  H  E  H  R  N  T  V  S  E
J  O  R  D  D  D  L  O  I  G  I  W  E  T
N  E  B  U  L  O  S  A  U  B  O  G  I  E
K  O  S  M  O  S  R  L  M  Å  N  E  L  O
S  U  P  E  R  N  O  V  A  B  O  X  N  R
```

ASTEROID	MÅNE
ASTRONOM	METEOR
HIMMEL	NEBULOSA
KONSTELLATION	OBSERVATORIUM
KOSMOS	PLANET
FÖRMÖRKELSE	STRÅLNING
DAGJÄMNING	SOL
RAKET	SUPERNOVA
ALLVAR	JORD

9 - Circo

```
E K S E T F V S T Y D N M C
L U R A P Y G M C J J A P S
E M S U W C I V T N U P T P
F U B A L L O N G E R A R E
A S Å U X O M T R G F Y O K
N I L S G W A O I H L N L T
T K M V K N G F I G G A L A
X O T Y S Å I E Y B E K K K
T Ä L T T W D X W I L R A U
I K R A P A C A P L E O R L
G O D I S A J L R J J B L Ä
J O N G L Ö R R J E O A G R
F Z I Z L Y G A V T N T Z L
S C K O S T Y M D T G A R E
```

AKROBAT	APA
DJUR	MAGI
BALLONGER	JONGLÖR
BILJETT	TROLLKARL
PARAD	MUSIK
GODIS	CLOWN
ELEFANT	TÄLT
ÅSKÅDARE	TIGER
SPEKTAKULÄR	KOSTYM
LEJON	LURA

10 - Acampamento

```
E  T  B  S  J  Ö  M  S  E  U  A  C  C  K
C  D  N  E  K  B  X  T  L  T  W  J  Ä  O
M  X  D  J  R  O  I  U  D  R  B  X  V  S
D  G  K  D  E  G  G  A  U  Z  M  E  F
K  E  O  I  P  H  U  A  T  S  V  S  N  J
T  K  M  K  A  N  O  T  E  T  Ä  L  T  H
K  A  P  L  F  A  W  Y  R  N  E  J  Y  Ä
U  H  A  T  T  T  V  P  I  I  B  A  R  N
L  N  S  D  J  U  T  F  J  N  C  K  T  G
W  Z  S  M  R  R  R  B  R  G  S  T  Y  M
L  K  A  R  T  A  Ä  M  Å  N  E  E  I  A
M  U  F  K  H  O  D  D  X  U  D  T  K  T
H  K  O  Y  Y  R  U  R  S  G  Z  W  X  T
D  J  U  R  W  E  T  B  E  Y  H  W  O  A
```

DJUR	SKOG
ÄVENTYR	ELD
TRÄD	INSEKT
KOMPASS	SJÖ
STUGA	MÅNE
JAKT	HÄNGMATTA
KANOT	KARTA
HATT	BERG
REP	NATUR
UTRUSTNING	TÄLT

11 - Emoções

```
I  N  N  E  H  Å  L  L  M  O  Z  D  J  S
G  U  G  A  J  W  E  D  X  P  C  K  K  Y
E  K  K  K  A  K  D  E  X  P  N  J  M  M
N  S  Ä  P  H  X  A  V  V  N  Ö  J  D  P
E  Z  F  R  E  D  I  U  Ä  T  Y  G  S  A
R  A  V  S  L  A  P  P  N  A  D  L  A  T
A  T  X  K  J  E  T  P  L  C  I  Ä  L  I
D  L  U  G  N  N  K  H  I  K  L  D  I  T
R  Ä  D  S  L  A  D  E  G  S  S  J  G  G
Ö  M  H  E  T  E  D  T  H  A  K  E  H  W
S  O  R  G  O  A  O  S  E  M  A  J  E  K
P  J  R  M  G  R  D  A  T  U  G  E  T  T
H  Y  U  S  B  G  V  D  V  A  M  Z  L  W
B  R  I  X  O  H  D  D  O  U  X  E  B  F
```

GLÄDJE	FRED
KÄRLEK	ILSKA
UPPHETSAD	AVSLAPPNAD
SALIGHET	NÖJD
VÄNLIGHET	SYMPATI
INNEHÅLL	ÖMHET
GENERAD	LEDA
TACKSAM	LUGN
RÄDSLA	SORG

12 - Ficção Científica

```
G X E E H I U T O P I T M U
C X L X F H L W G O S E Y L
F V D Y P R T L P J N K S I
A K U I C L T P U Z B N T Y
N C D Y S T O P I S Z I I Y
T J L H M O T S H C I K S T
A V L Ä G S E N I S N O K R
S I M A G I N Ä R O C X N O
T J B T V B I O X J N M K G
I D A O C O Ö V Ä R L D G E
S P D M V D B C O T V U L N
K Z H G V O R A K E L M E E
P L A N E T T S B E D C H N
G A L A X I K E X T R E M Z
```

ATOM   ILLUSION
BIO   IMAGINÄR
AVLÄGSEN   BÖCKER
DYSTOPI   MYSTISK
EXPLOSION   VÄRLD
EXTREM   ORAKEL
FANTASTISK   PLANET
ELD   TEKNIK
TROGEN   UTOPI
GALAX

13 - Mitologia

```
K  R  I  G  A  R  E  M  A  G  I  S  K  L
S  K  A  P  A  N  D  E  K  L  M  V  N  E
L  A  B  Y  R  I  N  T  S  U  N  A  O  G
N  Å  H  J  Ä  L  T  E  T  C  L  R  D  E
U  V  S  I  H  P  O  F  Y  K  I  T  L  N
D  A  H  K  I  M  D  G  R  A  A  S  U  D
R  R  J  G  A  O  Ö  M  K  T  A  J  R  R
B  E  T  E  E  N  D  E  A  A  R  U  X  H
F  L  L  T  J  S  L  N  D  S  K  K  A  Ä
J  S  C  Y  O  T  I  G  Ö  T  E  A  C  M
D  E  I  S  S  E  G  C  D  R  T  V  W  N
B  L  I  X  T  R  H  B  L  O  Y  K  Y  D
K  C  V  K  M  L  E  Y  I  F  P  Z  X  K
Y  Y  O  S  R  K  T  O  G  H  S  P  E  X
```

ARKETYP	ODÖDLIGHET
SVARTSJUKA	LABYRINT
BETEENDE	LEGEND
SKAPANDE	MAGISK
VARELSE	MONSTER
KULTUR	DÖDLIG
KATASTROF	BLIXT
STYRKA	ÅSKA
KRIGARE	HÄMND
HJÄLTE	

14 - Medições

```
L A U H Ö J D I D S E G W B
Ä T E N K T J T B M A N V Z
N E V D S J Y Y T R B I O J
G R A M S N D Y U D O T L U
D R I D E N E J O D Y Z Y Y
L P A A M Y C H W J Y X M H
I N L D B I I W M U D P F B
T O N V Z S M Y V P V E N W
E M A S S A A U O M V W A Z
R B Y T E E L I B E I T U M
K I L O M E T E R T K N U X
K I L O G R A M K E T N U A
Z A G R I W S Z B R E D D T
C E N T I M E T E R X N I E
```

HÖJD	METER
BYTE	MINUT
CENTIMETER	UNS
LÄNGD	VIKT
DECIMAL	TUM
GRAM	DJUP
GRAD	KILOGRAM
BREDD	KILOMETER
LITER	TON
MASSA	VOLYM

15 - Plantas

```
M  M  V  G  C  R  A  X  L  F  A  M  I  W
I  U  L  Ö  C  U  U  Z  I  U  U  W  G  B
K  R  Ö  D  O  O  H  G  I  Z  A  G  T  Ö
A  G  V  S  V  E  G  E  T  A  T  I  O  N
K  R  V  E  R  K  R  O  N  B  L  A  D  A
T  Ö  E  L  B  O  T  A  N  I  K  X  O  N
U  N  R  H  M  K  T  R  Ä  D  G  Å  R  D
S  A  K  T  B  U  S  K  E  T  E  D  Y  P
M  M  M  F  Ä  C  Y  T  H  R  B  Y  F  D
V  O  K  G  R  Ä  S  H  D  Ä  L  X  G  R
W  F  S  S  K  O  G  B  B  D  O  S  S  E
C  E  J  S  O  D  O  B  B  A  M  B  U  S
Z  H  L  T  A  F  L  O  R  A  M  I  D  S
M  F  K  G  Y  Z  O  C  U  F  A  Y  S  C
```

BUSKE	FLORA
TRÄD	SKOG
BÄR	LÖVVERK
BAMBU	GRÄS
BOTANIK	MURGRÖNA
KAKTUS	TRÄDGÅRD
ÖRT	MOSSA
BÖNA	KRONBLAD
GÖDSEL	ROT
BLOMMA	VEGETATION

16 - Veículos

```
I  F  J  O  D  U  B  Å  T  N  D  M  R  H
H  H  A  V  Ä  X  C  S  V  F  X  O  A  E
B  U  S  S  C  Z  C  A  K  W  X  T  K  L
I  S  E  F  K  X  S  M  H  O  T  O  E  I
L  V  Z  M  Ä  R  J  B  N  X  T  R  T  K
K  A  L  V  B  R  R  U  Y  R  B  E  T  O
M  G  F  U  P  D  J  L  F  R  U  P  R  P
A  N  L  G  R  I  S  A  L  R  K  B  A  T
S  K  Y  T  T  E  L  N  O  D  I  O  K  E
F  D  G  O  H  L  A  S  T  B  I  L  T  R
Y  U  P  B  I  V  I  E  T  T  R  V  O  W
H  S  L  L  Å  C  Y  K  E  L  A  Y  R  P
I  L  A  J  Y  T  T  A  X  I  X  A  S  O
T  U  N  N  E  L  B  A  N  A  N  W  W  F
```

AMBULANS	FLOTTE
FLYGPLAN	SKOTER
FÄRJA	TUNNELBANA
BÅT	MOTOR
CYKEL	BUSS
LASTBIL	DÄCK
HUSVAGN	UBÅT
BIL	TAXI
RAKET	SKYTTEL
HELIKOPTER	TRAKTOR

17 - Restaurante # 2

```
E N C N V F I E T S M A G G
S P I F U A O H Y A I A R U
A K U I D D T G E L D M Ö L
L Ä C K E R L T P T D B N J
A I U S O P P A E A A T S S
S E R V I T Ö R R N G E A V
K T W T Z I C M Z K G C K W
E F E I O U B T X X A N E U
D F D J M L D E P F F S R L
Y I L D X J A W Y A F T C T
M S F R U K T C N N E O T H
Y K Ä Y N W A P S A L L A D
I W G C J P O K R Y D D O R
S M G K G P F R A L U N C H
```

LUNCH
VATTEN
DRYCK
KAKA
STOL
SKED
LÄCKER
KRYDDOR
FRUKT
SERVITÖR

GAFFEL
IS
MIDDAG
GRÖNSAKER
NUDLAR
ÄGG
FISK
SALT
SALLAD
SOPPA

18 - Países #2

```
S U K R A I N A F H A N A A A
I O X R H U Y J R Z H E F L
N P M G R E K L A N D P B B
D A E A K U C O N P A A Y A
O K X E L A O S K E A L Y N
N I I N X I P I R L A N D I
E S C S R B A I I I Y G A E
S T O N Y Y M I K B U C N N
I A M I S R J G E A G E M C
E N H G S G I O X N A N A S
N T N E L R T E K O N W R M
V D B R A C A I N N D V K L
V P S I N N A F N H A I T I
N N M A D J A M A I C A N K
```

ALBANIEN
DANMARK
FRANKRIKE
GREKLAND
HAITI
INDONESIEN
IRLAND
JAMAICA
JAPAN
LAOS

LIBANON
MEXICO
NEPAL
NIGERIA
PAKISTAN
RYSSLAND
SYRIEN
SOMALIA
UKRAINA
UGANDA

19 - Cozinha

```
S  G  V  A  T  T  E  N  K  O  K  A  R  E
S  L  D  X  M  T  Y  T  K  A  N  N  A  U
K  B  E  I  A  W  G  W  Y  C  I  F  Z  G
E  V  P  V  R  V  A  X  L  M  V  D  U  N
D  B  U  R  K  H  R  O  S  G  A  J  G  E
A  J  G  J  F  E  R  C  K  F  R  Y  S  U
R  I  Ä  V  O  F  Z  N  Å  Y  W  I  H  C
E  T  T  W  K  S  K  O  P  P  A  R  L  L
C  N  P  D  S  V  E  S  K  Å  L  C  M  L
E  R  I  S  R  A  K  R  Y  D  D  O  R  P
P  Z  N  B  U  M  C  A  V  C  F  N  H  Y
T  D  N  M  W  P  C  E  P  E  V  Y  D  W
H  G  A  F  F  L  A  R  L  R  T  I  K  A
F  Ö  R  K  L  Ä  D  E  E  K  W  T  V  O
```

FÖRKLÄDE	GAFFLAR
VATTENKOKARE	KYLSKÅP
SKEDAR	GRILL
SLEV	SERVETT
KOPPAR	BURK
KRYDDOR	KANNA
SVAMP	ÄTPINNAR
KNIVAR	RECEPT
UGN	SKÅL
FRYS	

20 - Brinquedos

```
M  P  H  P  L  B  F  H  J  I  P  U  F  F
S  Y  O  D  A  N  N  A  P  B  J  P  Ä  K
P  R  W  Y  X  O  L  N  N  Å  V  O  R  F
H  O  X  G  F  G  Z  T  Z  T  K  G  G  V
B  K  M  G  A  Z  K  V  Y  R  A  F  L  J
Ö  I  M  X  V  B  L  E  U  U  C  S  A  S
C  A  L  P  O  J  A  R  X  M  F  C  I  C
K  Z  H  I  R  A  S  K  W  M  L  Y  K  H
E  I  Z  I  I  S  T  P  G  O  Y  K  G  A
R  M  M  I  T  W  B  A  E  R  G  E  L  C
A  D  R  A  K  E  I  K  X  L  P  L  E  K
D  O  C  K  A  Z  L  V  A  R  L  H  R  O
R  O  B  O  T  B  O  L  L  O  A  W  A  S
N  N  S  V  E  R  B  Y  C  R  N  X  Z  W
```

LERA	BIL
HANTVERK	FAVORIT
FLYGPLAN	FANTASI
BÅT	SPEL
TRUMMOR	BÖCKER
CYKEL	DRAKE
BOLL	ROBOT
DOCKA	FÄRG
LASTBIL	SCHACK

21 - Verão

```
H  A  V  C  G  A  I  W  D  M  I  J  J  A
V  M  C  N  A  L  K  S  N  B  T  C  T  V
V  A  W  S  T  J  Ä  R  N  O  R  L  T  K
I  B  X  V  B  W  A  D  N  S  Ä  A  J  O
R  E  S  A  Ä  Ö  F  I  J  P  D  L  P  P
G  C  G  U  G  N  C  V  T  E  G  N  B  P
T  E  W  Z  D  U  N  K  J  L  Å  V  N  L
E  A  H  Y  H  G  S  E  E  F  R  C  D  I
O  J  O  C  E  D  J  Y  R  R  D  N  Y  N
E  W  F  A  M  I  L  J  G  I  X  C  K  G
S  A  N  D  A  L  E  R  S  T  R  A  N  D
M  U  S  I  K  O  X  Y  M  I  N  A  I  H
C  A  M  P  I  N  G  Y  A  D  R  S  N  M
D  C  Y  F  X  D  X  U  S  F  G  P  G  T
```

CAMPING	BÖCKER
GLÄDJE	HAV
VÄNNER	DYKNING
HEM	MUSIK
STJÄRNOR	STRAND
FAMILJ	AVKOPPLING
TRÄDGÅRD	SANDALER
SPEL	RESA
FRITID	

22 - Material de Arte

```
S  C  Y  O  I  Y  P  Y  W  Y  O  L  R  A
U  U  L  T  P  R  A  E  J  M  L  A  F  S
J  C  D  I  G  B  P  H  N  Y  J  K  D  N
N  F  U  D  M  G  P  Z  O  N  A  V  C  E
O  K  N  Z  G  S  E  M  N  T  O  A  F  K
S  C  K  F  M  U  R  O  E  A  K  R  Y  L
M  B  L  Ä  C  K  M  U  D  B  A  E  A  E
I  X  E  R  M  C  P  M  D  E  M  L  F  R
T  M  U  G  A  K  A  U  I  L  E  L  T  A
R  B  L  E  Z  L  A  R  Y  L  R  E  O  F
Ä  Y  F  R  H  B  O  R  S  T  A  R  K  S
K  R  E  A  T  I  V  I  T  E  T  N  H  F
O  S  T  A  F  F  L  I  O  F  Ä  R  G  N
L  V  A  T  T  E  N  J  L  I  P  S  O  I
```

AKRYL	FÄRGER
SUDDGUMMI	KREATIVITET
AKVARELLER	BORSTAR
LERA	PENNOR
VATTEN	TABELL
STOL	OLJA
TRÄKOL	PAPPER
STAFFLI	BLÄCK
KAMERA	FÄRG
LIM	

23 - Números

```
E  T  J  W  F  V  X  Y  K  L  S  U  H  V
A  R  T  X  Y  J  R  H  C  T  E  T  T  C
F  E  M  D  R  W  O  M  T  K  X  I  C  Y
G  E  X  U  A  Y  K  R  T  Y  T  O  L  V
M  S  M  M  W  S  J  U  T  T  O  N  N  H
W  L  K  T  A  R  T  O  N  O  N  T  P  K
U  O  X  R  O  Z  Y  O  V  X  N  J  A  N
F  Y  F  E  Z  N  Y  W  R  E  X  U  Z  R
K  I  O  T  D  E  C  I  M  A  L  G  C  V
H  Y  F  T  M  Y  Z  W  K  E  H  O  K  H
Z  A  J  O  E  T  T  D  L  S  J  U  L  L
K  H  D  N  D  G  E  V  N  F  O  L  K  L
S  E  X  N  O  L  L  B  Å  M  M  E  B  H
B  Z  S  N  I  O  Å  T  T  A  B  G  Y  W
```

FEM	FJORTON
DECIMAL	FYRA
TIO	FEMTON
SEXTON	SEX
SJUTTON	SJU
ARTON	TRETTON
TVÅ	TRE
TOLV	ETT
NIO	TJUGO
ÅTTA	NOLL

24 - Especiarias

```
H M H X A S A F F R A N I K
G M X D M U S K O T R W P A
P E P P A R I T B I T T E R
O L B L Ö K J R W L Z X O D
W P V A K O R I A N D E R E
T N I K U L C B F X L V G M
C A T R M J W L O Ä A P H U
V J L I M Y J E R A N I S M
S S Ö T I S A L T A C K K M
V M K S N R U P F K U K Å A
U P A V A N I L J Y R V M L
J T N K I N G E F Ä R A L W
L D E F W J O E F S Y P F E
G P L V E E L B E P K F Z L
```

SAFFRAN
LAKRITS
VITLÖK
BITTER
ANIS
SUR
VANILJ
KANEL
KARDEMUMMA
CURRY

LÖK
KORIANDER
KUMMIN
SÖT
FÄNKÅL
INGEFÄRA
MUSKOT
PEPPAR
SMAK
SALT

25 - Aniversário

```
T  D  O  Y  B  Y  L  Y  C  K  L  I  G  Z
A  G  A  P  R  K  U  T  Z  A  J  M  Å  T
P  N  I  G  Y  G  L  A  D  L  U  M  V  Z
S  J  G  U  K  S  J  Å  U  E  S  R  A  E
S  Ä  R  S  K  I  L  D  T  N  T  T  F  Y
X  V  F  I  O  J  A  V  R  D  I  V  Y  U
F  Ö  D  D  L  N  K  V  C  E  D  D  K  A
I  V  Ä  N  N  E  R  F  I  R  A  N  D  E
V  I  N  B  J  U  D  N  I  N  G  A  R  I
M  S  T  X  K  G  L  Å  R  H  A  X  B  R
K  D  R  Y  B  O  K  A  K  A  C  P  V  C
O  O  U  I  D  D  R  W  G  E  B  L  V  B
K  M  N  F  J  L  K  T  P  A  Z  M  N  L
G  P  G  V  P  F  Y  I  R  A  V  X  J  P
```

GLAD	DAG
VÄNNER	GÅVA
ÅR	SÄRSKILD
KAKA	LYCKLIG
KALENDER	UNG
LÅT	FÖDD
KORT	VISDOM
FIRANDE	TID
INBJUDNINGAR	LJUS

26 - Casa

```
S P E G E L P Ö K B B T G G
F T U X N B X P R I E R M O
Ö G A S M A W P A B G Ä G C
N Y C K L A R E N L A D A W
S T R O E K W N R I R G R P
T N U R A T F S R O A Å D B
E S U S P F Y P V T G R I J
R N T T R U M I I E E D N E
R Y I E V R K S N K G B E M
L T O N I W I G D H N C R A
M Ö B E L K K W Ö X K J C T
D U S C H V F R R G U Ö N T
M S V Ä G G I O R F D Z K A
O W C K V A S T W T P H L D
```

BIBLIOTEK	TRÄDGÅRD
STAKET	ÖPPEN SPIS
SKORSTEN	MÖBEL
NYCKLAR	VÄGG
DUSCH	DÖRR
GARDINER	RUM
KÖK	VIND
SPEGEL	MATTA
GARAGE	KRAN
FÖNSTER	KVAST

27 - Vegetais

```
S A L L A D B R Z F F G R K
C M D C V S P E N A T U O R
H Ä I N G E F Ä R A M R V O
A Y G F W S P X L X U K A N
L T X G A M U Z Ö S S A R Ä
O L O W P K M Z K V T V X R
T C K V Z L P O T A T I S T
T M O R O T A R D M A F S S
E R M U B H V N T P T B E K
N T Ä G C J P I T L E R L O
L J Y D R Z Ä R T A U P L C
Ö R M T I T K P Z L G Y E K
K G P E R S I L J A Ö M R A
K E B R E K A P S K X K I F
```

PUMPA	SVAMP
SELLERI	ÄRTA
KRONÄRTSKOCKA	SPENAT
VITLÖK	INGEFÄRA
POTATIS	ROVA
ÄGGPLANTA	GURKA
LÖK	RÄDISA
MOROT	SALLAD
SCHALOTTENLÖK	PERSILJA

28 - Exploração

```
M O D F C Z A L N F N V T I
S M B W O A E V V V U X H Z
Y L G K C V D N L I R Y Z T
A K T I V I T E T Ä L J M E
H U T M A T T N I N G D W R
R I B V M C Z L Y G I S W R
B E S T Ä M N I N G Y A E Ä
A E C Z W B P M E M N V F N
B L L N W L C A S O A T L G
K U L T U R E R P E B O W W
D A Z M M D P E R I S K E R
J R E S A F W O Å F V Ä B Y
U E U P P T Ä C K T X N P M
R W L S P Ä N N I N G D D D
```

DJUR
AKTIVITET
MOD
KULTURER
UPPTÄCKT
OKÄND
BESTÄMNING
AVLÄGSEN
RYMD

UTMATTNING
SPÄNNING
SPRÅK
NY
RISKER
VILD
TERRÄNG
RESA

29 - Balé

```
G B F K O N S T N Ä R L I G
R A M Ä A P P L Å D E R J F
A L M O R K E S T E R Y K X
C L G U V D A N S A R E O U
I E U E S K I X A F S K R I
Ö R U U S I W G L B H O E N
S I N G K T K U H A G M O T
C N S T I L G K Y E S P G E
W A T E K N I K A W T O R N
R E P E T I T I O N A S A S
R Z V Ö V A G Y S Z J I F I
Y Z X T V O A N P O O T I T
T P U B L I K M V G E Ö E E
M U S K L E R Y S H F R O T
```

APPLÅDER
KONSTNÄRLIG
BALLERINA
KOMPOSITÖR
KOREOGRAFI
DANSARE
REPETITION
STIL
GEST
GRACIÖS

FÄRDIGHET
INTENSITET
MUSKLER
MUSIK
ORKESTER
ÖVA
PUBLIK
RYTM
TEKNIK

30 - Conservação

```
L I V S M I L J Ö X I F L A
B K L I M A T Y X U I Ö U P
H X Z D G D D Y H T G R V X
V S K U Å W P Z Ä B C O L J
K A Z N A T U R L I G R L D
H U T C Y K E L S L V E Z K
M W K T G J K R A D O N H V
Y G O M E D O Z V N L I Å M
C J R E J N S T A I O N L I
C K X Ö A P Y W S N N G L N
O R G A N I S K R G T N B S
T M D V G K T F F R Ä S A K
R T R X Y Y E V A N R P R A
G W U E S H M I L J Ö E J K
```

MILJÖ	ORGANISK
VATTEN	FÖRORENING
CYKEL	ÅTERVINNA
KLIMAT	MINSKA
EKOSYSTEM	HÄLSA
UTBILDNING	HÅLLBAR
LIVSMILJÖ	GRÖN
NATURLIG	VOLONTÄR

31 - Adjetivos #1

```
K  A  R  O  M  A  T  I  S  K  V  G  A  Ä
Y  O  E  X  O  T  I  S  K  Z  L  V  B  R
G  E  N  E  R  Ö  S  P  T  U  I  F  S  L
K  O  O  S  T  N  M  T  E  U  X  V  O  I
L  S  R  Z  T  U  E  U  B  R  N  P  L  G
A  I  M  B  F  N  M  N  D  L  F  G  U  U
L  Z  Ö  L  W  H  Ä  N  L  H  P  E  T  K
L  D  R  S  L  H  E  R  W  U  L  M  K  J
V  I  K  T  I  G  W  M  L  N  Å  Y  S  T
A  T  T  R  A  K  T  I  V  I  N  S  U  B
R  K  O  S  R  K  S  T  O  R  G  T  O  E
L  K  I  D  E  N  T  I  S  K  S  I  X  C
I  M  O  D  E  R  N  H  U  I  A  S  I  T
G  V  Ä  R  D  E  F  U  L  L  M  K  Y  L
```

ABSOLUT	ÄRLIG
AROMATISK	IDENTISK
KONSTNÄRLIG	VIKTIG
ATTRAKTIV	LÅNGSAM
ENORM	MYSTISK
MÖRK	MODERN
EXOTISK	PERFEKT
TUNN	TUNG
GENERÖS	ALLVARLIG
STOR	VÄRDEFULL

32 - Insetos

```
G  S  M  J  G  B  K  H  B  I  U  C  N  S
E  O  Y  P  R  Ö  A  W  L  M  G  L  Y  K
T  K  R  F  Ä  N  C  I  A  A  A  P  C  A
I  L  A  D  S  S  K  V  D  M  W  L  K  L
N  A  O  C  H  Y  E  M  L  E  F  S  E  B
G  R  J  P  O  R  R  A  U  M  O  O  L  A
C  V  T  C  P  S  L  S  S  W  Y  G  P  G
I  F  E  Y  P  A  A  K  A  X  Y  G  I  G
K  J  R  V  A  I  C  I  D  R  M  Y  G  E
A  Ä  M  T  O  U  K  Z  A  U  Z  N  A  A
D  R  I  J  X  S  A  J  L  S  K  W  V  O
A  I  T  T  R  O  L  L  S  L  Ä  N  D  A
A  L  H  H  P  D  H  L  E  J  W  X  E  A
J  W  K  V  G  U  F  B  W  U  X  C  S  P
```

BI	LARV
KACKERLACKA	TROLLSLÄNDA
SKALBAGGE	BÖNSYRSA
FJÄRIL	MAL
CIKADA	MASK
TERMIT	MYGGA
MYRA	LOPPA
GRÄSHOPPA	BLADLUS
NYCKELPIGA	GETING

33 - Paisagens

```
S  N  B  O  T  Y  F  E  H  H  A  V  H  G
W  W  C  F  H  X  L  T  A  W  I  N  H  N
C  B  O  T  Z  N  O  U  L  B  E  R  G  G
O  W  D  M  K  P  D  N  V  I  K  S  M  O
G  L  A  C  I  Ä  R  D  Ö  J  O  V  W  L
F  L  L  L  B  C  M  R  L  T  B  A  Y  F
V  U  L  K  A  N  G  A  O  E  U  T  Ö  T
Ö  U  A  Z  W  K  R  X  I  F  F  T  T  X
K  B  I  C  E  P  O  A  S  J  Ö  E  R  L
E  U  N  W  Y  B  T  Y  B  T  P  N  Ä  R
N  J  L  U  I  W  T  A  E  L  R  F  S  G
A  F  D  L  I  V  A  C  R  M  L  A  K  M
L  Y  N  A  E  O  Z  D  G  A  T  L  N  M
R  M  Z  X  H  Y  J  P  M  I  X  L  T  D
```

VATTENFALL	BERG
GROTTA	OAS
KULLE	TRÄSK
ÖKEN	HALVÖ
VIK	STRAND
GLACIÄR	FLOD
GOLF	TUNDRA
ISBERG	DAL
SJÖ	VULKAN
HAV	

34 - Dança

```
E O K U L T U R E L L Z A J
K U R R J R W H I A J Y Y S
H P O Y R A B Å F A K S T E
Y O P T K D R L M K O N S T
E K P M J I K L U A R Y B B
J K C P P T U N S D E F B V
W S F D A I L I I E O N Å D
R D F Z U O T N K M G L A D
K Ö E I J N U G V I R M C Y
S Ä R O W E R X Y D A H A K
X C N E R L M L L S F Z L C
B A Z S L L S L C T I F A Y
W B G G L S K L A S S I S K
X H H P J A E P A R T N E R
```

AKADEMI
GLAD
KONST
KLASSISK
KOREOGRAFI
KROPP
KULTUR
KULTURELL
KÄNSLA

NÅD
RÖRELSE
MUSIK
PARTNER
HÅLLNING
RYTM
HOPPA
TRADITIONELL

35 - Nutrição

```
K V A L I T E T F B P U G P
P K I P O N J K R H W F M C
R A C K Ä Ä P O I U Ä M A V
O L P F T R D L S E O L T I
T O A J L I I H K O S T S T
E R D G I N A Y A E C M M A
I I L A G G V D I I F P Ä M
N E E K I S Ä R A Y J S L I
E R K H G Ä T A C Z Ä M T N
R O F G K M S T P Z S A N H
T O X I N N K E S T N K I I
T W F Z V E O R Å C I A N M
B I T T E R R I S H N T G R
B A L A N S E R A D G M F I
```

BITTER   SÅS
APTIT   NÄRINGSÄMNE
KALORIER   VIKT
KOLHYDRATER   PROTEINER
ÄTLIG   KVALITET
KOST   SMAK
MATSMÄLTNING   FRISKA
BALANSERAD   HÄLSA
JÄSNING   TOXIN
VÄTSKOR   VITAMIN

36 - Disciplinas Científicas

```
B I O K E M I G O M J N D D
O E K O L O G I E R V D R A
T I A T J P S Y K O L O G I
A V T M E T E O R O L O G I
N I M M U N O L O G I O U R
I B K V Z N E U R O L O G I
K I L Y M I N E R A L O G I
K O S O C I O L O G I S F B
E L F Y S I O L O G I V S F
M O L I N G V I S T I K J O
I G T E R M O D Y N A M I K
R I A S T R O N O M I E M K
A N A T O M I Z O O L O G I
A R K E O L O G I B V B L G
```

ANATOMI
ARKEOLOGI
ASTRONOMI
BIOLOGI
BIOKEMI
BOTANIK
EKOLOGI
FYSIOLOGI
GEOLOGI
IMMUNOLOGI

LINGVISTIK
METEOROLOGI
MINERALOGI
NEUROLOGI
PSYKOLOGI
KEMI
SOCIOLOGI
TERMODYNAMIK
ZOOLOGI

37 - Meditação

```
V U N J B P M F K P M X V P
O Ä P V W E U K Ä S E S A E
B F N P L A S E N Y D Z K R
S O G L M L I K S K K K E S
E D O U I Ä K M L I Ä L N P
R S D P T G R I O S N A Z E
V U K B R O H K R K S R U K
A N Ä Y R N Å E S T L H H T
T A N K A R L U T A A E Y I
I T N T V R L V B C M T R V
O U A S A T N H T B N H X T
N R N U N S I N N E Z K E I
N E D R O Z N F R E D N C T
J C E J R B G R Ö R E L S E
```

GODKÄNNANDE
VAKEN
UPPMÄRKSAMHET
VÄNLIGHET
KLARHET
MEDKÄNSLA
KÄNSLOR
VANOR
PSYKISK

SINNE
RÖRELSE
MUSIK
NATUR
OBSERVATION
FRED
TANKAR
PERSPEKTIV
HÅLLNING

38 - Gatos

```
N T J B E N G X N R O L I G
O H A U A K R F J S B Z R C
K L O S K A I P F V E V Y K
I N K N S D J Ä G A R E I W
Z Y Y V B N A L A N O Y V C
K F D B L L M S R S E M U S
V I L D Y F E K N Ö N I R F
I K F I G A E K M M D C T H
P E P C U W E P F N E X T I
C N C J A M W A R U R P S U
Y L R C Z W W B G A L E N F
Y C H D U W E D R Z J L W A
P E R S O N L I G H E T V P
G S X A E U U J Y D G F N J
```

LEKFULL	OBEROENDE
JÄGARE	GALEN
SVANS	MUS
NYFIKEN	TASS
SÖMN	PÄLS
ROLIG	PERSONLIGHET
GARN	VILD
KLO	BLYG

39 - Artes Visuais

```
K E R A M I K K N P B D F M
D T C R Å U U T R F Z W O Ä
P R V K L A C K A I S H T S
V Ä F I N P T S G L T D O T
A K W T I O F B V M E A G E
X O R E N R E X E W N U R R
C L K K G T G F L U C T A V
A X O T P R L Z J E I O F E
G R N U T Ä J B X H L C I R
L A S R S T A F F L I X O K
F D T K P T S K U L P T U R
G S N P E R S P E K T I V U
C B Ä K R E A T I V I T E T
D B R H E P E N N A L E R A
```

LERA
ARKITEKTUR
KONSTNÄR
PENNA
TRÄKOL
STAFFLI
VAX
KERAMIK
KREATIVITET
SKULPTUR

STENCIL
FILM
FOTOGRAFI
KRITA
MÄSTERVERK
PERSPEKTIV
MÅLNING
PORTRÄTT
LACK

40 - Instrumentos Musicais

```
S T V T N E R F H N H Y A F
L A Z H R U A I T Z J C Z A
A M K T E U Y O X C S W N G
G B M L M L M L T B A N J O
V U A P A T X P T S X H L T
E R R I N R P M E G O N G T
R I I A D U I U K T F E I R
K N M N O M D N O M O X T O
G A B O L M K S E B N X A M
M O A O I A C P X T O W R B
D W P O N I E E Y H T E R O
H A R P A P L L M T E T U N
F L Ö J T M L F U G G X H Z
Y G R N H T O I K S H E H L
```

MANDOLIN	TAMBURIN
BANJO	SLAGVERK
KLARINETT	PIANO
FAGOTT	SAXOFON
FLÖJT	TRUMMA
MUNSPEL	TROMBON
GONG	TRUMPET
HARPA	GITARR
MARIMBA	FIOL
OBOE	CELLO

41 - Escola #1

```
S V A R O P V B V N D V J G
L Ä R A R E K Ö E X A M E N
S N P L Y N W C V X S K C L
B N E F C N O K K M E H V C
I E N A M A W E S T O L B K
B R N B S S K R I V B O R D
L Z O E K I O G X P H L M E
I T R T N H R X D W W U A T
O M A T E M A T I K M N R L
T F W L L W A N H W L C K V
E C X O J P A P P E R H Ö W
K A W Z K T I V P Y V A R G
S X P W E M E B K A R S E C
F R Å G E S P O R T R T R J
```

ALFABET	MARKÖRER
LUNCH	MATEMATIK
VÄNNER	SKRIVBORD
BIBLIOTEK	TAL
STOL	PAPPER
PENNOR	MAPPAR
EXAMEN	LÄRARE
PENNA	FRÅGESPORT
BÖCKER	SVAR

42 - Adjetivos #2

```
R E N S D Y K R E A T I V B
A U T E N T I S K V K N D E
H H T Z O N Y R B E A T U G
N J B T R E M E R D J R M Å
T Y K O M E L P E U B E M V
P T G R A J G E A Y H S K A
F R J R L R C M G X B S Ä D
R P O S T O L T I A Z A N G
I J X D V I L D N L N N D S
S F S T U X M R W S W T P T
K I B E S K R I V A N D E A
A C M E N A T U R L I G P R
C H N N U E D I O T V E Y K
A N S V A R I G V S J O I O
```

AUTENTISK	NY
KREATIV	STOLT
BESKRIVANDE	PRODUKTIV
BEGÅVAD	REN
ELEGANT	VARM
KÄND	ANSVARIG
STARK	SALT
INTRESSANT	FRISKA
NATURLIG	TORR
NORMAL	VILD

43 - Roupas

```
M W L M X N T N C B L D O T
K J H S T R U M P O R D H R
S E A R M B A N D Y H B H Ö
V A T C S L G P T N U Ä A J
Y N T D K Z L K Ä A F L N A
G S P Y J A M A S L I T D V
M B Y X O R A M S I S E S H
K J O L R H S C A R M X K A
M L R G T Z S R N H R G A L
Y Y S M A H Z X D I B V R S
F Ö R K L Ä D E A B A I F B
X E H M O J A S L M O D E A
K L Ä N N I N G E B L U S N
G Z O D D E K D R B H S I D
```

FÖRKLÄDE   HANDSKAR
BLUS   STRUMPOR
BYXOR   MODE
SKJORTA   PYJAMAS
PÄLS   ARMBAND
HATT   KJOL
BÄLTE   SANDALER
HALSBAND   SKO
JACKA   TRÖJA
JEANS   KLÄNNING

44 - Herbalismo

```
S  C  E  O  G  V  L  Z  F  S  M  U  I  D
M  C  U  I  F  Ä  B  A  S  I  L  I  K  A
A  D  G  O  Y  X  S  V  V  T  O  O  Z  A
K  V  A  L  I  T  E  T  I  E  T  L  N  E
I  K  N  V  S  L  H  F  C  T  N  K  W  O
E  O  X  G  D  L  B  Z  Ä  A  L  D  P  L
T  R  Ä  D  G  Å  R  D  D  N  N  Ö  E  B
T  I  A  R  O  M  A  T  I  S  K  R  K  L
I  A  G  A  P  E  U  M  R  R  X  Å  N  O
M  N  R  G  X  J  Z  E  K  L  O  P  L  M
J  D  Ö  O  B  R  O  S  M  A  R  I  N  M
A  E  N  N  V  A  S  A  F  F  R  A  N  A
N  R  F  P  H  M  P  E  R  S  I  L  J  A
R  W  L  V  Ä  L  G  Ö  R  A  N  D  E  J
```

SAFFRAN	LAVENDEL
ROSMARIN	BASILIKA
VITLÖK	MEJRAM
AROMATISK	VÄXT
VÄLGÖRANDE	KVALITET
KORIANDER	SMAK
DRAGON	PERSILJA
BLOMMA	TIMJAN
FÄNKÅL	GRÖN
TRÄDGÅRD	

45 - Frutas

```
T P O C F H A L L O N F D M
N P Ä P I C C A J T A H V A
B E Z R K Ö R S B Ä R L S N
J R K R O B Ä R D W O E V G
Ö S C T N N A P E L S I N O
R I I K A P R I K O S L K N
N K T O D R U V A S I N I F
B A R K U A I A U G R V I U
Ä L O O U V L N Ä P P L E R
R W N S T O V H I A S I B I
B A N A N K I W I P H Z O X
F S S V O A N A N A S T X Y
T C A L J D R R R Y L Y V T
J V S X X O G D C A R R P K
```

AVOKADO

ANANAS

BJÖRNBÄR

BÄR

BANAN

KÖRSBÄR

KOKOS

APRIKOS

FIKON

HALLON

KIWI

APELSIN

CITRON

ÄPPLE

PAPAYA

MANGO

NEKTARIN

PÄRON

PERSIKA

DRUVA

46 - Corpo Humano

```
S A P Y H U V U D P M S F Y
B J S O A J D D B A B A H D
F I B F L B Ä L M N Z D U A
W A N I S U K R U N H L D R
H E A N Ö G A W N A A G Y M
P J M G R N Ä S A A K M H B
G I Ä E A L F V M H A N D Å
B E N R P H O V F L X G Ä G
M L W P T X T K Ä K E P N E
P M D E K A L F T B L O D N
J S T U P B E C T B D A H L
E R U J I L D P D A L S D W
W W Z V T K K Z S Z K U M B
K S M O U X J T X B H Y Z J
```

MUN
HUVUD
HJÄRNA
HJÄRTA
ARMBÅGE
FINGER
KNÄ
KÄKE
HAND
NÄSA

ÖGA
AXEL
ÖRA
HUD
BEN
HALS
HAKA
BLOD
PANNA
FOTLED

47 - Restaurante #1

```
K  Ö  K  Ö  T  T  I  S  I  S  Å  S  K  T
X  Y  Z  I  G  O  A  W  M  E  N  Y  R  P
H  U  C  N  S  H  K  X  B  R  Ö  D  Y  B
E  M  A  K  N  I  V  C  O  V  Z  B  D  O
K  F  J  A  L  L  E  R  G  I  H  A  D  K
K  A  T  E  E  I  P  L  A  T  T  A  A  N
A  S  F  E  F  T  N  W  T  R  R  L  D  I
S  K  L  F  R  D  K  G  U  I  O  S  N  N
S  Å  Y  K  E  R  G  N  J  S  I  S  H  G
Ö  L  F  L  Z  I  Ä  S  E  R  V  E  T  T
R  Y  O  E  G  I  G  T  T  V  D  N  X  P
G  N  J  Z  W  W  A  H  T  R  X  Y  X  C
I  N  G  R  E  D  I  E  N  S  E  R  P  O
X  F  J  W  R  K  W  D  Y  G  I  Z  N  L
```

ALLERGI	INGREDIENSER
KAFFE	MENY
KASSÖR	SÅS
KÖTT	BRÖD
KÖK	KRYDDAD
KNIV	PLATTA
KYCKLING	BOKNING
SERVITRIS	EFTERRÄTT
SERVETT	SKÅL

48 - Caminhada

```
X  F  F  L  T  M  W  X  I  O  F  K  M  B
Z  S  I  L  A  J  X  P  X  G  Ö  R  E  E
E  O  P  A  R  K  E  R  V  F  R  K  X  R
K  L  I  P  P  A  W  P  W  V  B  R  H  G
L  A  P  Y  H  C  T  V  Ä  D  E  R  L  X
I  T  R  O  R  I  E  N  T  E  R  I  N  G
M  V  U  T  N  D  W  A  T  C  E  C  Y  U
A  M  L  N  A  S  J  W  K  W  D  A  S  I
T  A  G  N  G  T  G  U  H  R  E  M  S  D
T  R  Ö  T  T  Ö  E  T  R  Y  L  P  T  E
N  A  T  U  R  V  V  I  L  D  S  I  E  U
O  X  U  R  O  L  O  D  H  O  E  N  N  L
A  E  K  C  V  A  T  T  E  N  E  G  A  T
P  I  D  P  P  R  R  I  S  K  E  R  R  Y
```

CAMPING	ORIENTERING
DJUR	PARKER
VATTEN	STENAR
STÖVLAR	KLIPPA
TRÖTT	RISKER
KLIMAT	TUNG
GUIDE	FÖRBEREDELSE
KARTA	VILD
BERG	SOL
NATUR	VÄDER

49 - Água

```
B Y K A N A L H C I A A W T
A U I A V Å G O R L C M A I
Ö F A H F D Å H Z C R O H P
V D U S C H U N A O F N L J
E B I B O Y D N G T U S N L
R E G N F L O D S A K U N B
S V B E R O U A G T T N I Y
V A X V O R K A N E N G S V
Ä T B Y S S J Ö P M J I E Z
M T E U T F B A E R M S N B
N N G E H A V S J B Y J E G
I I W L U Z C N V G R F H R
N N U P R K E Ö N R B F Y S
G G D R I C K B A R A L L R
```

KANAL
REGN
DUSCH
AVDUNSTNING
ORKAN
FROST
IS
GEJSER
ÖVERSVÄMNING
BEVATTNING

SJÖ
MONSUN
SNÖ
HAV
VÅGOR
DRICKBAR
FLOD
FUKT
ÅNGA

50 - Ecologia

```
U  N  W  M  V  E  G  E  T  A  T  I  O  N
G  O  T  Å  H  Å  L  L  B  A  R  G  H  V
K  R  M  N  L  Z  O  C  C  K  S  X  H  N
W  J  E  G  N  P  B  N  A  T  U  R  Ö  A
N  W  D  F  V  O  A  E  I  N  A  T  V  T
V  U  E  A  A  F  L  O  R  A  T  X  E  U
T  Ä  L  L  R  J  I  U  B  G  K  Ä  R  R
M  O  X  D  O  X  V  J  F  F  L  F  L  L
V  G  R  T  D  X  S  M  A  R  I  N  E  I
E  H  T  K  E  J  M  G  U  V  M  G  V  G
A  F  R  F  A  R  I  P  N  C  A  T  N  V
M  Ä  N  G  D  Z  L  L  A  L  T  U  A  N
U  P  O  I  V  E  J  Y  L  J  J  U  D  O
E  M  V  H  A  T  Ö  S  Z  R  G  T  N  T
```

KLIMAT	NATUR
MÅNGFALD	KÄRR
FAUNA	VÄXTER
FLORA	MEDEL
GLOBAL	TORKA
LIVSMILJÖ	ÖVERLEVNAD
MARIN	HÅLLBAR
BERG	MÄNGD
NATURLIG	VEGETATION

51 - Família

```
D  I  M  M  F  R  U  M  E  S  B  F  M  M
G  Z  M  O  Ö  B  W  A  Z  Y  A  A  O  O
F  B  O  Z  R  E  F  K  S  S  R  R  S  D
B  A  R  N  F  M  Y  E  Y  T  N  F  T  E
R  C  V  F  A  B  O  K  S  E  B  A  E  R
O  Y  P  T  D  F  A  R  K  R  A  R  R  N
R  A  A  S  E  P  S  R  O  H  R  G  B  S
H  E  P  Y  R  T  H  R  N  B  N  U  R  D
U  W  W  D  D  W  K  R  B  D  Z  E  O  D
J  P  J  V  F  P  U  E  A  R  O  I  R  O
M  L  K  N  E  D  S  R  R  G  N  M  S  T
F  A  D  E  R  L  I  G  N  K  T  T  O  T
G  D  P  T  C  Z  N  N  D  R  A  I  N  E
F  A  R  B  R  O  R  G  P  J  T  J  A  R
```

FÖRFADER	MODERNS
MORMOR	MOR
FARFAR	BARNBARN
BARN	FAR
FRU	FADERLIG
DOTTER	KUSIN
BARNDOM	SYSKONBARN
SYSTER	BRORSON
BROR	MOSTER
MAKE	FARBROR

52 - Férias #2

```
S  K  R  V  F  F  K  H  N  U  T  R  S  Z
D  X  E  I  U  L  H  A  L  F  Ä  E  L  O
E  F  S  S  Z  Y  C  V  R  O  L  S  P  S
S  T  E  U  W  G  P  L  E  T  T  T  C  E
T  F  R  M  J  P  A  S  S  O  A  A  J  M
I  R  V  I  D  L  M  G  A  N  X  U  J  E
N  I  A  I  O  A  L  X  C  I  I  R  U  S
A  T  T  N  Y  T  W  U  Z  G  L  A  S  T
T  I  I  Y  S  S  W  H  P  V  V  N  R  E
I  D  O  G  T  P  U  A  D  N  B  G  M  R
O  M  N  Y  R  C  O  H  O  T  E  L  L  M
N  C  E  H  A  I  B  R  B  A  R  U  D  R
T  P  R  P  N  M  A  Z  T  A  G  L  X  O
Ö  F  E  I  D  U  T  L  Ä  N  N  I  N  G
```

FLYGPLATS	PASS
DESTINATION	STRAND
UTLÄNNING	RESERVATIONER
SEMESTER	RESTAURANG
FOTON	TAXI
HOTELL	TÄLT
FRITID	TRANSPORT
KARTA	RESA
HAV	VISUM
BERG	

53 - Edifícios

```
G M R X E E N P J A Y R M B
G A U X S E A S G O L T A I
X H R S K L Ä G E N H E T O
G O U A E M S L O T T A A Z
E T P W G U Y T L Z Ä T F F
G E U N C E M O A G L E F A
S L M V I P P R D D T R Ä B
K L C J I P A N A C I U R R
O S J U K H U S T Y F O B I
L A B O R A T O R I U M N K
A O B S E R V A T O R I U M
A M B A S S A D G Å R D R D
W D A U N I V E R S I T E T
A Y M V W J T W A S H M O B
```

LÄGENHET	SJUKHUS
SLOTT	HOTELL
LADA	LABORATORIUM
BIO	MUSEUM
AMBASSAD	OBSERVATORIUM
SKOLA	MATAFFÄR
STADION	TEATER
GÅRD	TÄLT
FABRIK	TORN
GARAGE	UNIVERSITET

54 - Ferramentas de Cozinha

```
T E R M O M E T E R G K P X
E T J M D A X S S J A N O C
K Y L S K Å P U P L F I W V
B L A N D A R E I B F V Z A
E M T R U R S T W L E P J T
S B D B R R I W K E L H U T
T R T S K E D V S X A O I E
I Ö R P S A X W J F X P C N
C D G A L U S U P Ä C S E K
K R X T A Z G B A A R J P O
O O D E G L M N Y S L N R K
P S X L T O J K P P E K E A
T T T E Z L E I V I H V S R
M K Z X H M A V J S P K S E
```

VATTENKOKARE	KYLSKÅP
DURKSLAG	BLANDARE
SKED	RIVJÄRN
SPATEL	BESTICK
JUICEPRESS	LOCK
KNIV	TERMOMETER
SPIS	SAX
UGN	BRÖDROST
GAFFEL	

55 - Xadrez

```
K T U R N E R I N G L M I U
O U E T X B D V E C M S M T
K N N P S X H I S D G R Y M
H C T G O G B A V O F F R A
M O T S T Å N D A R E S S N
Ä R M T T I D R R P K P P I
S D E X Ä X C O T A S E E N
T I J G V I T T O S T L L G
A A B O L R C T L S R N A A
R G H N I E D N I I A I R R
E O R K N Z R I D V T O E B
M N P F G F S N J J E H E A
R A P O Ä N G G C E G D K X
K L U P T V U H A Y I D F M
```

VIT
MÄSTARE
TÄVLING
UTMANINGAR
DIAGONAL
STRATEGI
SPELARE
SPEL
MOTSTÅNDARE

PASSIV
POÄNG
SVART
DROTTNING
REGLER
KUNG
OFFRA
TID
TURNERING

56 - Aventura

```
D  R  Z  G  R  N  A  T  U  R  D  K  F  G
I  E  L  V  V  A  G  L  Ä  D  J  E  A  A
K  A  S  K  Ö  N  H  E  T  J  I  N  R  K
J  R  U  T  F  L  Y  K  T  K  G  T  L  T
N  C  E  H  I  W  R  L  M  C  U  U  I  I
Y  Y  T  S  Z  N  V  I  Ö  M  T  S  G  V
Z  P  N  H  V  S  A  S  J  G  M  I  X  I
O  Y  O  F  I  Ä  I  T  L  F  A  A  M  T
O  A  V  Y  B  K  G  V  I  L  N  S  W  E
C  H  A  N  S  E  Y  Ä  G  O  I  M  P  T
I  K  N  R  R  R  J  N  H  V  N  F  W  R
W  H  L  X  C  H  B  N  E  B  G  H  V  B
Y  C  I  D  L  E  N  E  T  X  A  X  N  H
Y  E  G  E  H  T  V  R  G  S  R  V  M  A
```

GLÄDJE	UTFLYKT
VÄNNER	OVANLIG
AKTIVITET	RESVÄG
SKÖNHET	NATUR
CHANS	NY
UTMANINGAR	MÖJLIGHET
DESTINATION	FARLIG
ENTUSIASM	SÄKERHET

57 - Surf

```
F  O  L  K  M  A  S  S  O  R  M  H  K  W
R  M  K  J  R  F  T  A  S  T  R  A  N  D
E  V  Ä  D  E  R  I  H  K  J  P  S  G  K
V  Y  R  S  T  Y  L  F  U  U  O  T  E  E
H  X  N  E  T  V  J  D  M  C  P  I  K  G
S  T  Y  R  K  A  V  Å  G  D  U  G  G  A
G  X  B  T  R  U  R  J  V  P  L  H  E  F
C  N  Ö  C  D  V  V  E  D  Z  Ä  E  B  S
I  D  R  O  T  T  A  R  E  E  R  T  M  C
Z  R  J  Y  G  P  G  O  B  X  A  K  F  R
M  V  A  U  W  M  V  G  H  T  W  X  F  U
Z  V  R  N  T  H  H  U  X  R  J  V  Y  L
S  N  E  N  J  D  D  S  V  E  O  O  E  W
N  D  F  D  I  H  A  V  O  M  C  T  U  K
```

IDROTTARE	HAV
MÄSTARE	VÅG
SKUM	POPULÄR
STIL	STRAND
MAGE	NYBÖRJARE
EXTREM	HASTIGHET
STYRKA	REV
FOLKMASSOR	VÄDER

58 - Floresta Tropical

```
C K A A Y K M Å N G F A L D
T L B M K G O O X B G B B D
R I N F R K S V L I E O E J
E M Ö I N V S K J N M T V U
S A V B K C A A S E A A N
T T E I B N W C M E N N R G
A I R E A F A J J K S I A E
U N L R R M T T C T K S N L
R H E L T K L N U E A K D A
E E V J F L J H R R P H E G
R M N F C L D Ä G G D J U R
I S A D T O Y F Å G L A R C
N K D H J B P K H J B M Z U
G U R E S P E K T K M B S S
```

AMFIBIER	NATUR
BOTANISK	MOLN
KLIMAT	FÅGLAR
GEMENSKAP	BEVARANDE
MÅNGFALD	TILLFLYKT
ART	RESPEKT
INHEMSK	RESTAURERING
INSEKTER	DJUNGEL
DÄGGDJUR	ÖVERLEVNAD
MOSSA	

59 - Cidade

```
K  P  J  G  P  I  R  A  P  O  T  E  K  M
S  L  G  G  I  D  E  G  S  S  B  N  T  A
W  H  I  L  N  X  S  L  A  F  I  H  E  R
B  I  O  N  G  K  T  T  L  L  B  O  A  K
Z  O  O  L  I  D  A  O  O  Y  L  T  T  N
M  M  K  X  H  K  U  U  N  G  I  E  E  A
B  A  N  K  N  T  R  K  G  P  O  L  R  D
E  G  T  W  J  M  A  S  C  L  T  L  Z  I
V  P  H  A  L  B  N  T  V  A  E  S  A  W
U  M  I  F  F  F  G  L  E  T  K  F  K  T
S  K  O  L  A  F  B  M  U  S  E  U  M  Z
F  O  R  H  V  S  Ä  B  A  G  E  R  I  D
S  T  A  D  I  O  N  R  Y  T  C  G  R  Y
O  I  X  B  O  K  H  A  N  D  E  L  T  V
```

FLYGPLATS	ZOO
BANK	BOKHANDEL
BIBLIOTEK	MARKNAD
BIO	MUSEUM
KLINIK	BAGERI
SKOLA	RESTAURANG
STADION	SALONG
APOTEK	MATAFFÄR
GALLERI	TEATER
HOTELL	

60 - Matemática

```
E  P  T  O  O  E  V  V  I  N  K  L  A  R
X  O  A  A  C  K  I  D  G  I  S  C  X  V
P  L  B  O  L  V  N  G  E  M  R  O  D  F
O  Y  S  W  V  A  K  O  O  C  O  S  P  R
N  G  H  M  C  T  E  O  M  A  I  U  F  D
E  O  Z  T  F  I  L  O  E  R  P  M  R  G
N  N  Z  V  P  O  R  M  T  I  A  M  A  C
T  W  I  Z  E  N  Ä  K  R  T  R  A  K  L
O  S  Y  M  M  E  T  R  I  M  A  T  T  V
R  E  K  T  A  N  G  E  L  E  L  O  I  O
H  G  E  C  I  G  F  T  A  T  L  R  O  L
S  R  A  D  I  E  G  S  A  I  E  G  N  Y
D  I  A  M  E  T  E  R  V  S  L  E  A  M
T  R  I  A  N  G  E  L  G  K  L  D  O  U
```

ARITMETISK	PARALLELL
VINKLAR	VINKELRÄT
OMKRETS	POLYGON
DECIMAL	TORG
DIAMETER	RADIE
EKVATION	REKTANGEL
EXPONENT	SYMMETRI
FRAKTION	SUMMA
GEOMETRI	TRIANGEL
TAL	VOLYM

61 - Natureza

```
F  N  Y  X  H  G  B  M  P  F  P  K  T  Z
L  U  G  N  D  L  G  V  M  G  K  S  R  J
O  Ö  K  E  N  A  R  K  T  I  S  K  O  F
D  I  V  L  B  C  D  L  R  W  R  T  P  R
G  E  T  V  E  I  E  Y  V  E  P  B  I  E
E  V  C  X  E  Ä  S  J  N  D  W  X  S  D
C  I  B  T  R  R  K  X  K  A  I  O  K  L
A  L  T  B  O  A  K  H  L  C  M  M  G  I
H  D  E  V  S  K  Y  D  D  Y  N  I  M  G
E  U  B  B  I  N  D  J  U  R  N  E  S  A
M  O  L  N  O  F  R  I  S  T  A  D  U  K
S  S  K  Ö  N  H  E  T  E  O  B  V  N  L
X  G  J  Y  N  C  S  K  O  G  N  R  K  I
A  V  G  Ö  R  A  N  D  E  H  I  B  B  G
```

BIN	GLACIÄR
SKYDD	DIMMA
DJUR	MOLN
ARKTISK	FREDLIG
SKÖNHET	FLOD
ÖKEN	FRISTAD
DYNAMISK	VILD
EROSION	LUGN
SKOG	TROPISK
LÖVVERK	AVGÖRANDE

62 - Preencher

```
A W P H I N K U V E R T N Y
N Y F B V R E S V Ä S K A P
P B W Y E K D V B J A W M R
L F H E I Y A Ä G R Y D A W
L Å D A F L A S K A I A P I
K U G O X F S K Y G K C P B
L S T D Y Y F A R T Y G K F
K O R G B U R K V N U S P A
B Y L E F A T W S A C M O N
P L U U G F O Y N N S D C D
O A F I C K A S S U R D A Y
S V K S J R T D T F L W F T
C M A E J Ö C T C T J A R A
T V T T T R F I T J M Y O R
```

HINK	BURK
BRICKA	RESVÄSKA
FAT	FARTYG
FICKA	PAKET
KORG	MAPP
KUVERT	VÄSKA
FLASKA	RÖR
LÅDA	VAS

63 - Animais de Estimação

```
P  N  S  H  F  I  S  K  K  C  R  P  H  K
F  A  G  P  R  G  B  A  O  A  S  Y  A  A
T  W  P  B  S  V  A  N  S  F  T  X  M  T
V  I  X  E  R  O  H  I  K  X  P  T  S  T
G  H  E  T  G  T  R  N  Ö  F  R  C  T  U
E  V  D  W  A  O  N  G  L  Z  V  K  E  N
T  R  Ö  D  L  A  J  F  D  K  K  T  R  G
G  G  G  E  P  H  A  P  R  S  L  E  E
D  I  B  J  V  M  U  S  A  A  F  A  O  I
E  E  N  Z  A  K  N  T  D  G  L  Z  R  R
V  A  L  P  T  B  D  S  D  E  H  O  E  L
N  P  X  J  T  Z  K  U  A  X  F  I  K  C
J  A  U  V  E  T  E  R  I  N  Ä  R  E  G
N  C  J  Z  N  L  H  S  W  O  H  Z  D  Y
```

VATTEN
GET
VALP
SVANS
HUND
KANIN
KRAGE
KLOR
KATTUNGE

KATT
HAMSTER
ÖDLA
MUS
PAPEGOJA
FISK
SKÖLDPADDA
KO
VETERINÄR

64 - Escalada

```
I T X S U A N O G U A E O W
W R D T A T E R R Ä N G G N
E I T A T H M V F W U W C U
S L W B M Ö H A N D S K A R
T H E I O J W N K K R R T
Y L V L S D G D E I A N P F
R T I I F T R R W X N R Z X
K N B T Ä R O I B K P G T A
A I F E R L T N Z V C E A A
X J Y T S T T G G M U C R R
J D S H P Y A E A Y D A H T
G U I D E H J Ä L M S M A L
Y X S T Ö V L A R A G R W H
U I K N Y F I K E N H E T Z
```

HÖJD	STABILITET
ATMOSFÄR	SMAL
STÖVLAR	FYSISK
VANDRING	STYRKA
HJÄLM	GUIDE
GROTTA	HANDSKAR
NYFIKENHET	KARTA
UTMANINGAR	TERRÄNG
EXPERT	

65 - Aviões

```
K  B  L  Å  S  A  U  P  P  H  B  R  P  R
L  O  F  B  P  I  L  O  T  Ö  O  O  A  I
A  Y  N  E  C  D  D  T  J  J  A  Ä  S  K
N  H  I  S  T  O  R  I  A  D  F  V  S  T
D  Z  N  Ä  T  B  R  Ä  N  S  L  E  A  N
N  M  O  T  O  R  B  A  L  L  O  N  G  I
I  N  A  T  V  Z  U  O  O  C  H  T  E  N
N  A  T  N  L  Ä  G  K  O  R  Ä  Y  R  G
G  V  M  I  O  U  T  O  H  R  R  A  K
V  I  O  N  R  U  F  E  Z  I  K  U  R  O
R  G  S  G  X  S  H  T  J  M  O  X  E  G
E  E  F  P  W  W  R  V  R  M  M  N  G  A
I  R  Ä  T  G  T  F  K  I  E  S  V  C  B
X  A  R  J  S  R  R  S  J  L  T  P  C  I
```

HÖJD
LUFT
LANDNING
ATMOSFÄR
ÄVENTYR
BALLONG
HIMMEL
BRÄNSLE
KONSTRUKTION
HÄRKOMST

RIKTNING
VÄTE
HISTORIA
BLÅSA UPP
MOTOR
NAVIGERA
PASSAGERARE
PILOT
BESÄTTNING

66 - Tipos de Cabelo

```
B  L  Å  N  G  C  Y  H  L  T  B  Y  Z  D
M  L  S  I  L  V  E  R  O  G  R  Å  H  T
J  N  O  K  V  L  O  T  C  F  U  V  I  T
U  B  U  N  I  I  L  G  K  Ä  N  Å  B  U
K  G  W  W  D  N  G  L  I  R  U  G  X  N
G  K  W  M  F  S  A  I  G  G  B  I  G  N
C  W  U  N  L  K  T  N  T  A  S  G  L  D
L  W  D  F  Ä  A  J  O  D  D  L  F  D  I
S  V  A  R  T  L  O  P  R  E  O  L  H  B
R  X  A  I  O  L  C  R  N  R  C  Ä  E  M
Y  T  R  S  R  I  K  T  T  T  K  T  R  I
T  A  Z  K  P  G  X  J  A  O  A  A  T  J
V  J  A  A  R  X  D  R  P  J  R  D  S  T
C  B  P  V  Z  K  B  Y  H  S  G  E  X  G
```

VIT	LÅNG
SKINANDE	BRUN
LOCKAR	VÅGIG
SKALLIG	SILVER
GRÅ	SVART
FÄRGAD	FRISKA
LOCKIGT	TORR
TUNN	MJUK
TJOCK	FLÄTAD
BLOND	FLÄTOR

67 - Formas

```
K U R V A K A N P E C R E N
O U T Y J I M B W L I L I H
N U B L D V Z S H L R B P D
Y X Å G I Y Z F Ö I K Y T R
P T G O T N A Ä R P E G S H
R O E S O G J R N S L T G Y
I V L C R N D E S L R L X P
S A B Y G T R I A N G E L E
M L H L G T I X A D N L X R
A R S I O O P Y R A M I D B
R V W N L L N E Z W C S Z E
G G O D S I J X G E S V G L
U Z R E K T A N G E L F K C
F J B R T U S I D A P Z E S
```

BÅGE
HÖRN
CYLINDER
CIRKEL
KON
KUB
KURVA
ELLIPS
SFÄR
HYPERBEL

SIDA
LINJE
OVAL
PYRAMID
POLYGON
PRISMA
TORG
REKTANGEL
TRIANGEL

68 - Dias e Meses

```
B  J  A  N  U  A  R  I  W  V  Y  A  A  X
R  J  U  L  I  S  N  E  L  A  E  G  M  A
S  F  T  I  S  D  A  G  D  V  T  C  C  N
O  E  A  S  K  H  H  L  D  X  D  F  K  V
K  B  P  G  A  U  G  U  S  T  I  N  F  A
T  R  R  T  L  Å  R  B  N  U  B  O  R  C
O  U  I  O  E  X  S  D  Z  M  S  V  E  G
B  A  L  R  N  M  Y  E  P  Å  K  E  D  L
E  R  X  S  D  D  B  C  J  N  B  M  A  M
R  I  Y  D  E  T  Y  E  X  A  Z  B  G  A
E  R  C  A  R  H  I  M  R  D  M  E  X  G
W  D  M  G  E  B  A  B  I  W  E  R  H  X
J  U  N  I  R  C  G  E  S  Ö  N  D  A  G
L  Ö  R  D  A  G  X  R  M  Å  N  D  A  G
```

APRIL	MÅNAD
AUGUSTI	NOVEMBER
ÅR	OKTOBER
KALENDER	TORSDAG
DECEMBER	LÖRDAG
SÖNDAG	MÅNDAG
FEBRUARI	VECKA
JANUARI	SEPTEMBER
JULI	FREDAG
JUNI	TISDAG

69 - Geografia

```
K  S  L  O  N  G  I  T  U  D  H  E  U  U
A  Ö  A  V  L  O  H  K  E  B  B  Ö  I  P
R  D  N  M  Ä  D  W  Y  F  F  E  N  J  H
T  E  D  T  T  S  W  B  L  O  T  B  X  D
A  R  A  K  G  P  T  Z  O  M  J  H  T  D
Y  G  A  G  L  Y  R  B  D  R  B  K  K  B
V  Ä  R  L  D  P  M  E  W  Å  F  H  O  Y
H  O  Z  D  I  M  E  R  I  D  I  A  N  X
T  S  T  F  A  V  M  G  P  E  E  L  T  S
U  G  N  O  R  R  R  A  V  V  Z  V  I  X
V  L  C  S  L  N  P  D  A  G  Ö  K  N  H
U  I  U  T  W  W  L  O  H  A  V  L  E  X
A  T  L  A  S  Y  O  F  B  V  P  O  N  X
B  R  E  D  D  G  R  A  D  T  D  T  T  Y
```

HÖJD	MERIDIAN
ATLAS	BERG
STAD	VÄRLD
KONTINENT	NORR
HALVKLOT	VÄST
BREDDGRAD	LAND
LONGITUD	OMRÅDE
KARTA	FLOD
HAV	SÖDER

70 - Antártica

```
H Z P B V N N S T E N I G V
Z A J G E O G R A F I H F E
R F L Z Z V O R L Y J K O T
M K V V A L A R D D E X R E
F T D M Ö N F R Z K X T S N
O P M I L J Ö R A O P E K S
P I N G V I N E R N E M A K
V T V R Ö A R C O T D P R A
E N Z A C S V I K I I E E P
T T M T T K H W J N T R E L
O J O I P T K N U E I A M I
O M N O I S E P Y N O T H G
U S R N F N N N I T N U H L
G L A C I Ä R E R P U R F G
```

MILJÖ

VATTEN

VIK

VALAR

VETENSKAPLIG

BEVARANDE

KONTINENT

EXPEDITION

GLACIÄRER

IS

GEOGRAFI

ÖAR

FORSKARE

MIGRATION

HALVÖ

PINGVINER

STENIG

TEMPERATUR

71 - Flores

```
K M A S K R O S O L R O S A
T L A O R K I D É P L J O W
Y I Ö G A R D E N I A T T J
K L I V N A L H B O V U N Y
R A C E E O P I I N E S E X
O I C T F R L B K B N E P Z
N C N A U T G I G U D N Å T
B K E G I T I S A K E S S U
L Z J V B L A K I E L K K L
A F F A H L J U F T G Ö L P
D L I L J A O S S T J N I A
V X I L P L U M E R I A L N
J A S M I N P F M T Y R J L
U B X O M F J F F A R E A U
```

BUKETT
RINGBLOMMA
MASKROS
GARDENIA
SOLROS
HIBISKUS
JASMIN
LAVENDEL
LILA
LILJA

MAGNOLIA
TUSENSKÖNA
PÅSKLILJA
ORKIDÉ
VALLMO
PION
KRONBLAD
PLUMERIA
KLÖVER
TULPAN

72 - Fazenda #1

```
H  G  E  T  B  H  U  N  D  X  E  L  B  Z
C  O  A  X  O  Ä  G  Ö  D  S  E  L  I  U
N  M  N  V  A  S  L  R  M  J  M  P  P  Y
D  D  T  U  R  T  R  I  I  I  J  K  O  N
J  V  M  H  N  S  K  S  H  S  O  F  W  B
F  V  D  J  M  G  Y  A  Ö  O  R  Ä  P  X
L  K  A  E  C  F  C  U  F  D  D  L  K  D
O  J  G  T  Y  B  K  A  L  V  B  T  I  M
C  T  E  R  T  T  L  F  T  S  R  H  Y  K
K  B  E  M  T  E  I  S  R  C  U  D  W  A
R  K  H  M  U  Å  N  S  T  A  K  E  T  T
Å  U  L  D  X  S  G  B  L  S  T  B  C  T
K  S  C  F  T  N  D  L  J  J  R  B  N  Y
A  F  M  G  R  A  K  R  X  Z  L  F  W  C
```

BI	STAKET
JORDBRUK	KRÅKA
RIS	HÖ
VATTEN	GÖDSEL
KALV	KYCKLING
ÅSNA	KATT
GET	HONUNG
FÄLT	GRIS
HÄST	FLOCK
HUND	KO

73 - Livros

```
H  L  R  H  L  Ä  S  A  R  E  E  V  Y  W
B  I  S  K  R  I  V  S  A  W  J  G  A  N
E  T  S  K  B  X  O  E  D  J  H  Y  T  D
R  T  I  T  P  E  M  T  N  K  A  F  Y  U
Ä  E  D  G  O  G  R  F  S  T  H  Y  R  A
T  R  A  Y  E  R  V  Ä  S  J  Y  R  R  L
T  Ä  Y  S  S  D  I  K  T  S  H  R  O  I
A  R  W  F  I  W  F  S  G  T  A  D  M  T
R  S  A  M  L  I  N  G  K  I  E  B  A  E
E  R  E  L  E  V  A  N  T  Z  E  L  N  T
F  Ö  R  F  A  T  T  A  R  E  P  F  S  B
S  A  M  M  A  N  H  A  N  G  I  W  U  E
K  A  R  A  K  T  Ä  R  K  R  S  X  P  O
T  R  A  G  I  S  K  R  N  G  K  E  H  S
```

FÖRFATTARE	LITTERÄR
ÄVENTYR	BERÄTTARE
SAMLING	SIDA
SAMMANHANG	KARAKTÄR
DUALITET	DIKT
SKRIVS	POESI
EPISK	RELEVANT
BERÄTTELSE	ROMAN
HISTORISK	RAD
LÄSARE	TRAGISK

74 - Chocolate

```
F  B  L  B  P  J  S  O  C  K  E  R  A  I
R  D  L  I  U  O  M  Z  I  J  A  E  N  N
F  M  P  T  L  R  A  A  L  R  W  C  T  G
A  O  E  T  V  D  K  C  S  B  M  E  I  R
V  R  X  E  E  N  J  B  P  Ö  E  P  O  E
O  G  O  R  R  Ö  Y  W  F  L  T  T  X  D
R  E  T  M  C  T  L  K  C  Ä  C  H  I  I
I  R  I  Y  D  T  A  O  A  C  U  H  D  E
T  V  S  Y  H  E  M  K  J  K  O  L  A  N
E  L  K  J  Z  R  I  O  M  E  A  B  N  S
B  C  M  Y  N  R  A  S  L  R  L  O  T  P
K  V  A  L  I  T  E  T  Y  R  P  K  T  D
K  A  L  O  R  I  E  R  V  D  R  J  R  E
T  X  E  A  H  V  C  C  L  T  W  Z  S  W
```

SOCKER	LÄCKER
BITTER	SÖT
JORDNÖTTER	EXOTISK
ANTIOXIDANT	FAVORIT
AROM	SMAK
KAKAO	INGREDIENS
KALORIER	PULVER
KOLA	KVALITET
KOKOS	RECEPT

75 - Profissões #2

```
I  F  O  N  F  H  B  O  N  D  E  J  E  H
L  I  E  B  D  K  V  I  X  B  L  F  I  D
L  L  P  I  L  O  T  H  O  Y  K  Z  J  R
U  O  M  B  O  T  O  I  K  L  I  U  C  E
S  S  Å  L  Ä  R  A  R  E  I  O  J  D  Y
T  O  L  I  N  G  V  I  S  T  R  G  U  M
R  F  A  O  Z  O  O  L  O  G  H  U  E  B
A  O  R  T  D  E  T  E  K  T  I  V  R  K
T  T  E  E  A  S  T  R  O  N  A  U  T  G
Ö  O  R  K  F  O  R  S  K  A  R  E  X  B
R  G  B  A  T  A  N  D  L  Ä  K  A  R  E
D  R  C  R  L  Ä  K  A  R  E  P  H  V  E
U  A  F  I  N  G  E  N  J  Ö  R  V  D  F
A  F  Y  E  U  P  P  F  I  N  N  A  R  E
```

BONDE
ASTRONAUT
BIBLIOTEKARIE
BIOLOG
KIRURG
TANDLÄKARE
DETEKTIV
INGENJÖR
FILOSOF
FOTOGRAF

ILLUSTRATÖR
UPPFINNARE
FORSKARE
LINGVIST
LÄKARE
PILOT
MÅLARE
LÄRARE
ZOOLOG

76 - Fazenda #2

```
B U N B T U U I C L P B K S
A Y R Y T X Z J F G V E T E
S L F J Z Z J B D U G V F Y
M O G E N N D D R U L A M A
J K R Y B B J Z L R A T L N
Ö J Ö F P A Y Y H T D T A K
L N N R Å T K O A R A N M A
K K S U X R B O N D E I M E
D W A K O A B C R I Ä N G G
W T K T N K S I G N I G B B
J X Y L K T R E K N L L Z Z
H H F H K O N Z U U N B Z H
H E R D E R D J U R P U C H
L W G R O O N F Y T M A J S
```

BONDE	MOGEN
DJUR	MAJS
LADA	FÅR
KORN	HERDE
BIKUPA	ANKA
LAMM	ÄNG
FRUKT	TRAKTOR
BEVATTNING	VETE
MJÖLK	GRÖNSAK
LAMA	

77 - Jardim

```
S  M  O  O  K  D  Z  J  B  S  V  M  L  A
M  T  D  D  C  J  B  V  Ä  T  E  U  G  B
T  R  A  M  P  O  L  I  N  A  R  P  S  T
R  Ä  F  S  A  R  O  N  K  K  A  H  D  Y
S  D  R  I  T  D  M  S  S  E  N  J  A  E
H  L  I  J  R  F  M  T  K  T  D  P  I  C
Ä  I  A  A  Ä  F  A  U  Y  C  A  S  R  T
N  N  E  N  D  A  M  M  F  B  U  S  K  E
G  O  E  L  G  R  Ä  S  F  C  V  Z  O  R
M  A  L  I  Å  T  O  X  E  M  Y  W  V  R
A  B  R  T  R  H  M  B  L  R  E  T  S  A
T  C  L  A  D  J  J  X  Y  K  H  C  N  S
T  N  T  J  G  R  Ä  S  M  A  T  T  A  S
A  K  E  Z  Z  E  Z  C  N  N  X  T  L  L
```

RÄFSA   DAMM
BUSKE   HÄNGMATTA
TRÄD   SLANG
BÄNK   SKYFFEL
STAKET   JORD
BLOMMA   TERRASS
GARAGE   TRAMPOLIN
GRÄS   VERANDA
GRÄSMATTA   VIN
TRÄDGÅRD

78 - Oceano

```
R I G S B Å T H V M F K K V
E C C Y V K R A B B A Y H A
V C O M U A Z J D T M W D L
P R P R C C M V M H A O E J
S T O R M E A P K O R A L L
F I S K G L N O U B Y M F R
X F I U I E E G S P A M I U
Y K Y U W U T U N T Å U N R
T O N F I S K Y W O R L Y Ä
I J A N L S A L T A A O E K
S K Ö L D P A D D A L L N A
B L Ä C K F I S K O G X I B
T I D V A T T E N M E D P A
X U M V V X B P F L R A Y D
```

ALGER	TIDVATTEN
TONFISK	MANET
VAL	OSTRON
BÅT	FISK
RÄKA	BLÄCKFISK
KRABBA	REV
KORALL	SALT
ÅL	SKÖLDPADDA
SVAMP	STORM
DELFIN	HAJ

79 - Profissões #1

```
O G X M L E P F R F P W T R
K E N J U V E L E R A R E Ö
K O N S T N Ä R D G I N U R
L L K J X E P I A N I S T M
J O M Ö B P S Y K O L O G O
Ä G G M X O X D T H Y Z L K
G B U A U M Z D Ö M D H M A
A A R N S K B W R E D B F R
R N B A M B A S S A D Ö R E
E K U V N K A R T O G R A F
X I M D R D A S T R O N O M
I R Y O R R M U S I K E R K
D A N S A R E A D V O K A T
F O R S K A R E N I G K R E
```

ADVOKAT	REDAKTÖR
KONSTNÄR	AMBASSADÖR
ASTRONOM	RÖRMOKARE
BANKIR	GEOLOG
BRANDMAN	JUVELERARE
JÄGARE	SJÖMAN
KARTOGRAF	MUSIKER
FORSKARE	PIANIST
DANSARE	PSYKOLOG

80 - Campeonato

```
F  S  M  O  T  I  V  E  R  I  N  G  T  U
F  I  T  L  C  U  L  I  G  A  E  F  E  T
T  G  N  R  C  G  R  T  R  F  Z  P  P  H
E  D  L  A  A  P  U  N  B  W  P  W  O  Å
A  W  R  E  L  T  D  B  E  D  Ö  M  A  L
M  K  O  L  J  I  E  E  B  R  S  W  F  L
M  E  D  A  L  J  S  G  I  R  I  S  S  I
S  M  P  M  W  E  U  T  I  M  B  N  X  G
E  H  M  Ä  S  T  E  R  S  K  A  P  G  H
G  M  V  S  P  R  E  S  T  A  N  D  A  E
E  X  G  T  T  R  Ä  N  A  R  E  T  M  T
R  B  H  A  S  P  E  L  E  V  W  X  E  L
S  P  O  R  T  G  J  N  E  O  P  Z  D  X
C  I  B  E  A  A  S  V  I  D  B  D  R  H
```

MÄSTARE	BEDÖMA
MÄSTERSKAP	LIGA
PRESTANDA	MEDALJ
TEAM	MOTIVERING
SPORT	UTHÅLLIGHET
STRATEGI	TURNERING
FINALIST	TRÄNARE
SPEL	SEGER

81 - Castelos

```
Ä  Y  T  I  V  C  C  V  K  O  G  O  T  A
R  D  E  N  Ä  J  F  J  T  D  M  S  F  B
U  E  E  I  G  F  P  E  G  C  J  R  R  J
S  V  I  L  G  Ä  A  V  O  V  J  S  H  Z
T  Z  K  U  M  S  L  C  G  D  B  K  N  X
N  E  A  J  P  T  A  D  Y  N  A  S  T  I
I  N  T  O  R  N  T  H  H  P  K  L  M  M
N  H  A  M  I  I  S  V  Ä  R  D  M  K  P
G  Ö  P  U  N  N  D  F  S  I  E  S  R  E
X  R  U  A  S  G  X  D  T  N  R  K  O  R
W  N  L  R  E  S  P  B  A  S  I  Ö  N  I
S  I  T  W  S  U  A  F  I  R  K  L  A  U
E  N  I  F  S  D  R  A  K  E  E  D  H  M
M  G  P  C  A  D  K  K  G  W  Z  N  G  Y
```

RUSTNING	FÄSTNING
KATAPULT	IMPERIUM
RIDDARE	ÄDEL
HÄST	PALATS
KRONA	VÄGG
DYNASTI	PRINSESSA
DRAKE	PRINS
SKÖLD	RIKE
SVÄRD	TORN
FEODAL	ENHÖRNING

82 - Escola # 2

```
B M S A K A D E M I S K A G
P A P P E R H X N W P B K R
E T I L L B E H Ö R E I T A
N E U I L Ä R A R E L B I M
N M M T F Ä S A X R L L V M
A A B T B D S Z W N R I I A
Z T J E Ö I A N H W E O T T
R I V R C H L T I X N T E I
F K V A K E I D O N U E T K
P S C T E X U N N R G K E N
I R H U R O T F Y I D A R A
N D O R D B O K O N N V Z W
V E T E N S K A P A H G K F
R Y G G S Ä C K H O U T R F
```

AKADEMISK
AKTIVITETER
BIBLIOTEK
VETENSKAP
DATOR
ORDBOK
UTBILDNING
GRAMMATIK
SPEL
PENNA

LÄSNING
LITTERATUR
BÖCKER
MATEMATIK
RYGGSÄCK
PAPPER
LÄRARE
TILLBEHÖR
SAX

83 - Abelhas

```
L  V  O  S  J  B  L  O  M  M  O  R  M  E
F  A  V  P  E  I  V  Ä  X  T  E  R  Å  T
B  R  U  A  H  K  N  I  B  J  D  Ö  N  P
L  D  U  E  X  U  P  K  F  B  C  K  G  C
O  I  S  K  T  P  L  T  X  V  K  B  F  G
M  N  V  O  T  A  S  P  V  Ä  E  Y  A  Z
M  S  Ä  S  O  L  P  O  L  L  E  N  L  V
A  E  R  Y  M  T  R  Ä  D  G  Å  R  D  I
Y  K  M  S  H  I  C  W  F  Ö  T  H  E  N
B  T  S  T  Y  J  L  G  T  R  L  O  V  G
X  P  K  E  R  D  P  J  F  A  D  N  Y  A
R  I  N  M  G  Y  A  W  Ö  N  H  U  U  R
D  R  O  T  T  N  I  N  G  D  S  N  G  A
T  T  W  S  A  D  D  J  P  E  G  G  W  K
```

VINGAR	RÖK
VÄLGÖRANDE	LIVSMILJÖ
VAX	INSEKT
BIKUPA	TRÄDGÅRD
MÅNGFALD	HONUNG
EKOSYSTEM	VÄXTER
SVÄRM	POLLEN
BLOMMA	DROTTNING
BLOMMOR	SOL
FRUKT	

84 - Banheiro

```
V H D B I U O A O Z G U K Å
A A U X J N M I P M F A R N
T N S A X L C U A G A J A G
T D C V T P A R F Y M T N A
E D H R O K Z H S I T V T T
N U F D A Y W F J B B Å S A
B K Y I L O T I O N A L B S
F U S P E G E L S N D M L C
J I B F T U E W M V M M N H
F M W B T U R U L J A F J A
J C N A L C W L Z X B M T M
U V N V P O Z P X I P E P P
F S W G B O R R M K Y J S O
Y H O S D C M P R S C U I S
```

VATTEN	PARFYM
TOALETT	TVÅL
BAD	MATTA
BUBBLOR	SAX
DUSCH	HANDDUK
SPEGEL	KRAN
SVAMP	ÅNGA
LOTION	SCHAMPO

85 - Ciência

```
P R F D Y G K J L N C G X F
A B O A V F X L E A B G M Y
R W S T T U V Ä X T E R I S
T O S A F O B P Y U G P N I
I R I A O O M X M R L K E K
K G L E V O L U T I O N R K
L A B O R A T O R I U M A L
A N T P R N F X I I O F L I
R I C G E F D A X O U Z E M
J S D I M O L E K Y L E R A
H M A L L V A R M T T A A T
F O R S K A R E B B U Y H S
O B S E R V A T I O N M S A
I M E T O D H Y P O T E S D
```

ATOM
FORSKARE
KLIMAT
DATA
EVOLUTION
FAKTUM
FYSIK
FOSSIL
ALLVAR
HYPOTES

LABORATORIUM
METOD
MINERALER
MOLEKYLER
NATUR
OBSERVATION
ORGANISM
PARTIKLAR
VÄXTER

86 - Cores

```
N  X  S  J  L  X  Z  I  S  M  C  G  V  E
K  S  E  V  M  N  U  R  B  V  U  R  M  C
D  R  P  I  A  P  E  L  S  I  N  Å  L  N
Z  E  I  T  G  R  Ö  N  X  Y  U  Z  L  I
I  B  A  Y  E  Ö  T  D  P  X  F  C  I  M
Z  L  Z  R  N  D  J  R  U  D  J  W  M  N
T  P  M  A  T  R  A  O  B  Y  J  N  G  C
D  Z  R  L  A  Z  Y  S  N  R  M  E  A  T
F  U  C  H  S  I  A  A  E  H  U  A  R  H
B  H  A  Y  P  K  Z  N  J  A  N  N  S  D
E  X  X  B  A  H  J  X  B  T  B  A  A  K
I  Y  L  N  L  N  K  N  W  G  L  I  L  A
G  T  O  A  A  H  G  B  K  U  Å  P  M  V
E  V  G  M  P  N  V  I  O  L  E  T  T  H
```

GUL	BRUN
BLÅ	SVART
BEIGE	ROSA
VIT	LILA
CYAN	SEPIA
GRÅ	GRÖN
FUCHSIA	RÖD
APELSIN	VIOLETT
MAGENTA	

87 - Comida #1

```
C  I  T  R  O  N  V  K  X  C  S  R  M  S
A  C  G  S  P  E  N  A  T  D  O  T  S  A
B  E  K  S  V  K  O  N  W  I  P  O  W  L
A  M  J  Ö  L  K  S  E  B  V  P  N  X  T
S  P  M  S  V  I  T  L  Ö  K  A  F  T  F
I  R  R  O  V  A  R  S  Y  J  U  I  C  E
L  U  G  I  Y  A  T  T  O  O  P  S  R  R
I  E  N  D  K  J  G  K  M  C  C  K  X  K
K  C  N  X  V  O  F  C  O  P  K  G  W  W
A  Z  X  E  N  R  S  O  R  R  W  E  L  J
S  A  L  L  A  D  U  V  O  D  N  T  R  Z
W  F  B  D  N  N  M  L  T  R  A  J  A  N
K  F  J  E  L  Ö  K  V  D  F  T  T  U  H
K  A  K  A  C  T  J  O  R  D  G  U  B  B
```

SOCKER	SPENAT
VITLÖK	MJÖLK
JORDNÖT	CITRON
TONFISK	BASILIKA
KAKA	JORDGUBB
KANEL	ROVA
LÖK	SALT
MOROT	SALLAD
KORN	SOPPA
APRIKOS	JUICE

88 - Pássaros

```
A N K A M W S T R U T S Y G
N F K G Å S P I N G V I N E
P F M Ö S V A N D D M U N Z
S S X K L X R B P U H P W Z
Ö A B D D D V G V S P Å F N
I R X U J S U G U D Y F I H
Y A N V H T N V J I L Å P M
P A P E G O J A A H Ä G E R
S F X L I R K V F K J E L I
Ä G G P B K R R J S R L I B
A Z R X U Z P R Å A A H K A
T O U C A N I B K K Y K A K
K Y C K L I N G O C A E N B
D O J F L A M I N G O O O O
```

STRUTS	HÄGER
ÖRN	ÄGG
STORK	PAPEGOJA
SVAN	SPARV
KRÅKA	ANKA
GÖK	PÅFÅGEL
FLAMINGO	PELIKAN
KYCKLING	PINGVIN
MÅS	DUVA
GÅS	TOUCAN

89 - Virtudes #1

```
B  C  R  K  H  J  Ä  L  P  S  A  M  E  N
L  H  E  L  O  U  T  D  K  Y  J  C  F  Y
Y  A  N  O  B  N  B  C  O  W  G  F  F  F
G  R  T  K  E  A  S  Ä  K  E  R  P  E  I
S  M  E  B  R  D  V  T  G  B  F  B  K  K
A  I  K  R  O  L  I  G  N  N  C  R  T  E
M  G  K  X  E  G  B  E  Ö  Ä  P  A  I  N
P  C  S  W  N  J  R  X  B  R  R  B  V  M
C  A  S  K  D  E  G  T  S  M  A  L  B  E
C  C  T  C  E  V  E  O  F  O  K  N  I  J
M  W  K  I  M  S  R  W  V  W  T  L  D  G
V  C  L  G  E  N  E  R  Ö  S  I  D  N  E
C  U  L  G  L  N  C  L  J  I  S  V  R  W
W  G  J  Z  U  T  T  Z  G  M  K  E  M  H
```

KONSTNÄRLIG
BRA
SÄKER
NYFIKEN
AVGÖRANDE
EFFEKTIV
CHARMIG
ROLIG

GENERÖS
OBEROENDE
REN
BLYGSAM
PATIENT
PRAKTISK
KLOK
HJÄLPSAM

90 - Literatura

```
A B W E T G F Å S I K T R B
N P D M X T X V L H I A O I
A A U W V I F R U H B U M O
L U A N E K D O T G Z L A G
Y M E T A F O R S O Z Y N R
S P O E T I S K A T E M A A
A N A L O G I V T D I K T F
F M O L R Y T M S O H L B I
B E S K R I V N I N G D J C
R P C B J Ä M F Ö R E L S E
D I A L O G J Y A H I L Y T
F Ö R F A T T A R E D B G F
O Z S F B E R Ä T T A R E K
I T R A G E D I W A X X C N
```

ANALOGI	METAFOR
ANALYS	BERÄTTARE
ANEKDOT	ÅSIKT
FÖRFATTARE	DIKT
BIOGRAFI	POETISK
JÄMFÖRELSE	RIM
SLUTSATS	RYTM
BESKRIVNING	ROMAN
DIALOG	TEMA
STIL	TRAGEDI

91 - Clima

```
R  B  Y  E  M  Z  T  J  L  R  D  O  M  T
Y  W  R  E  G  N  B  Å  G  E  S  R  O  O
X  O  H  I  M  M  E  L  X  L  M  A  L  R
C  E  F  S  S  M  W  U  S  S  B  A  N  K
Y  T  R  O  M  B  O  N  I  S  L  T  D  A
V  R  S  Z  O  M  J  N  B  N  I  M  W  Y
Z  O  T  L  E  F  D  H  S  W  X  O  N  O
D  P  O  L  Ä  R  A  G  H  U  T  S  P  D
V  I  R  V  I  N  D  B  F  P  N  F  T  D
I  S  M  O  T  N  V  P  U  F  L  Ä  S  A
V  K  C  M  Å  S  K  A  P  T  M  R  D  N
P  M  K  F  A  D  S  J  K  L  I  M  A  T
T  E  F  J  T  L  G  O  R  K  A  N  S  X
T  O  R  R  T  E  M  P  E  R  A  T  U  R
```

REGNBÅGE   POLÄRA
ATMOSFÄR   BLIXT
BRIS   TORKA
HIMMEL   TORR
KLIMAT   TEMPERATUR
ORKAN   STORM
IS   TROMB
MONSUN   TROPISK
DIMMA   ÅSKA
MOLN   VIND

92 - Tecnologia

```
I  S  S  A  X  V  V  A  T  D  Y  V  E  G
N  Ä  K  A  M  E  R  A  E  P  A  S  T  J
T  K  Ä  F  S  L  U  Z  C  B  Y  T  E  M
E  E  R  E  O  P  H  W  K  M  A  A  O  A
R  R  M  D  I  R  F  R  E  A  K  T  B  R
N  H  A  L  D  O  S  K  N  Z  F  I  L  K
E  E  Z  D  M  G  Y  K  S  Y  X  S  R  Ö
T  T  K  A  X  R  T  V  N  O  N  T  I  R
S  H  U  T  H  A  E  A  I  I  H  I  V  L
H  J  D  A  B  M  A  U  T  H  N  K  E  J
V  I  R  U  S  V  U  A  T  U  F  G  N  Y
B  L  O  G  G  A  D  I  G  I  T  A  L  K
P  A  Z  R  Z  R  V  I  R  T  U  E  L  L
P  P  C  M  G  A  S  X  D  R  H  D  O  M
```

FIL	TECKENSNITT
BLOGG	INTERNET
BYTE	FORSKNING
KAMERA	SÄKERHET
DATOR	PROGRAMVARA
MARKÖR	SKÄRM
DATA	VIRTUELL
DIGITAL	VIRUS
STATISTIK	

93 - Arte

```
H M S U R R E A L I S M S Ä
U U Y K X V X L D N M I K R
T X M V I S U E L L Å Y A L
T Y B Ö I L O X F H L H P I
R U O L R W D B O E N E A G
Y F L F U E O R I G I N A L
C O K U Z E U O A R N K S J
K P E R S O N L I G G E K K
I T R W M D O U W V A L U R
X O A R X C P O C E R E L H
L Ä M N E S C O X M F M P Y
B K I N S P I R E R A D T P
M I K O M P L E X S S P U N
F I G U R X N G Z W I C R R
```

KERAMIK	PERSONLIG
KOMPLEX	MÅLNINGAR
SKAPA	POESI
SKULPTUR	SKILDRA
UTTRYCK	ENKEL
FIGUR	SYMBOL
ÄRLIG	ÄMNE
HUMÖR	SURREALISM
INSPIRERAD	VISUELL
ORIGINAL	

94 - Dinossauros

```
Y  A  B  R  K  R  A  F  T  F  U  L  L  R
A  L  F  O  S  S  I  L  O  P  H  S  W  V
P  L  F  V  S  T  O  R  Y  N  E  N  W  Ä
O  Ä  Ö  F  X  T  U  A  B  T  D  I  H  X
S  T  R  Å  E  N  O  R  M  A  M  M  U  T
V  A  H  G  J  Y  O  R  B  Y  T  E  R  Ä
A  R  I  E  O  E  D  H  L  I  B  X  E  T
N  E  S  L  R  Z  Y  B  O  E  N  R  P  A
S  R  T  S  D  Y  A  F  T  V  K  W  T  R
P  N  O  E  V  O  L  U  T  I  O  N  I  E
D  P  R  V  I  N  G  A  R  W  A  A  L  X
E  P  I  L  J  W  Y  C  R  H  U  N  Y  I
N  A  S  D  S  F  M  N  E  T  T  B  H  K
M  Y  K  G  U  R  O  V  D  J  U  R  W  V
```

VINGAR	ALLÄTARE
ROVDJUR	KRAFTFULL
SVANS	BYTE
ENORM	FÖRHISTORISK
ART	ROVFÅGEL
EVOLUTION	REPTIL
FOSSIL	STORLEK
STOR	JORD
VÄXTÄTARE	OND
MAMMUT	

95 - Esportes

```
N A T G Y M N A S T I K R N
T H R U X Ä V I N N A R E J
V F Ä B A S E B O L L Ö B T
O X N A F T E A M B C R B E
X D A S U E S L W S Y E Y N
S R R K O R V P K U K L P N
T C E E R S I I E R E S N I
A L E T Y K G R E L L E Z S
D G T C D A O I U S A A U I
I F A P O P G G D Z P R M M
O O G Y M N A S I U M E E K
N N O Y A H O C K E Y V L D
F N L E R K R W I P R A V O
V A F A E I D R O T T A R E
```

IDROTTARE	GYMNASIUM
DOMARE	GYMNASTIK
BASKET	GOLF
BASEBOLL	HOCKEY
CYKEL	SPELARE
MÄSTERSKAP	SPEL
TEAM	RÖRELSE
STADION	TENNIS
VINNARE	TRÄNARE

96 - Comida # 2

```
S L O S M U Z K F W C B M C
K W K A A M F Y I Y F J S T
R F L R N I H C S W M G I O
O H V S D R C K K C I N W I
N D Ä H E I Y L Ö H V E T E
Ä E G G L S O I R O S T E B
R M G F G K G N S K R O N R
T J P Z X I H G B L W M H O
S C L F V N U Ä Ä A A A A C
K W A W M K R P R D N T G C
O M N L S A T P I R Y A O O
C T T G U L M L H U P T N L
K D A P U W E E S V A M P I
A T G S R R F D Y A W S E N
```

KRONÄRTSKOCKA	YOGHURT
MANDEL	KIWI
RIS	ÄPPLE
BANAN	ÄGG
ÄGGPLANTA	FISK
BROCCOLI	SKINKA
KÖRSBÄR	OST
CHOKLAD	TOMAT
SVAMP	VETE
KYCKLING	DRUVA

97 - Barcos

```
S  H  M  O  T  O  R  S  C  W  F  A  R  X
E  B  A  F  L  O  T  T  E  P  X  N  R  T
G  R  D  V  V  H  O  P  S  Y  A  K  W  I
E  A  E  Y  P  V  A  U  J  H  V  A  A  D
L  R  N  K  A  J  A  K  Ö  V  P  R  I  V
B  E  G  D  O  C  K  A  V  X  N  E  J  A
Å  P  M  R  E  B  H  F  L  O  D  G  T  T
T  P  A  B  E  S  Ä  T  T  N  I  N  G  T
K  N  S  O  E  J  C  J  X  A  V  U  F  E
H  H  T  C  F  Ö  T  Z  O  U  W  B  B  N
W  L  B  I  Ä  M  P  T  A  T  L  N  F  G
V  Å  G  O  R  A  U  C  S  I  I  A  I  F
K  C  Y  C  J  N  D  W  H  S  D  Z  L  S
M  O  L  E  A  A  J  I  L  K  A  N  O  T
```

ANKARE	HAV
FÄRJA	TIDVATTEN
BOJ	SJÖMAN
KAJAK	MAST
KANOT	MOTOR
REP	NAUTISK
DOCKA	VÅGOR
YACHT	FLOD
FLOTTE	BESÄTTNING
SJÖ	SEGELBÅT

98 - Piratas

```
Y  R  D  Y  Z  K  A  P  T  E  N  Y  F  H
M  R  F  G  K  O  G  R  O  T  T  A  A  X
W  H  L  I  H  M  A  T  I  H  C  V  R  Y
Ä  D  F  C  D  P  Y  A  L  U  A  R  A  B
V  R  O  I  Ö  A  M  N  P  N  H  M  M  E
E  J  R  A  I  S  K  A  T  T  A  E  K  S
N  A  A  P  C  S  V  Ä  R  D  V  X  A  Ä
T  V  X  R  A  H  D  Å  L  I  G  A  R  T
Y  K  I  O  S  P  L  G  V  N  U  N  T  T
R  A  N  M  M  C  E  O  G  W  L  K  A  N
F  K  N  E  N  N  G  G  O  T  D  A  B  I
U  G  R  T  Z  X  E  D  O  P  G  R  P  N
S  T  R  A  N  D  N  V  I  J  O  E  X  G
Y  P  Z  Y  P  W  D  W  A  Z  A  S  V  S
```

ÄVENTYR	MYNT
ANKARE	HAV
KOMPASS	GULD
KAPTEN	PAPEGOJA
GROTTA	FARA
ÄRR	STRAND
SVÄRD	ROM
LEGEND	SKATT
KARTA	BESÄTTNING
DÅLIG	

99 - Mamíferos

```
D  N  W  T  U  P  D  P  K  N  E  F  N  X
L  E  J  O  N  R  C  N  Ä  K  X  N  W  P
A  D  B  X  G  Ä  R  F  N  A  A  H  C  B
B  I  G  D  O  R  Ä  Å  G  N  S  T  T  U
K  M  L  N  E  I  V  R  U  I  X  J  T  M
Y  A  K  G  G  E  G  Z  R  N  H  U  N  D
I  H  M  U  O  V  I  A  U  P  P  R  X  X
B  W  H  U  R  A  R  B  Ä  V  E  R  I  U
V  Z  L  X  I  R  A  A  U  J  A  V  A  L
K  A  M  E  L  G  F  R  P  P  D  R  B  S
I  V  C  U  L  U  F  P  K  A  M  S  G  V
X  F  D  R  A  E  L  E  F  A  N  T  E  C
D  E  L  F  I  N  Z  E  B  R  A  Z  N  P
I  S  H  Ä  S  T  T  A  T  Z  N  E  F  V
```

VAL	GIRAFF
KAMEL	DELFIN
KÄNGURU	GORILLA
BÄVER	LEJON
HÄST	VARG
HUND	APA
KANIN	FÅR
PRÄRIEVARG	RÄV
ELEFANT	TJUR
KATT	ZEBRA

100 - Atividades e Lazer

```
B  A  S  E  B  O  L  L  A  G  K  M  I  F
C  A  M  P  I  N  G  Y  V  D  O  Å  X  O
D  Y  B  X  Z  Y  D  R  K  F  N  L  S  T
T  T  O  P  U  A  Y  T  O  H  S  N  F  B
Ä  E  X  B  K  V  K  T  P  P  T  I  D  O
V  A  N  D  R  I  N  G  P  L  M  N  G  L
L  F  I  N  M  N  I  M  L  U  J  G  F  L
I  I  N  S  I  Y  N  B  A  S  K  E  T  E
N  S  G  I  U  S  G  V  N  W  B  L  R  P
G  K  L  M  D  R  Z  I  D  M  J  M  I  O
S  E  U  N  W  E  F  L  E  A  H  A  D  A
E  E  R  I  S  S  D  I  S  F  Y  Z  E  T
L  K  G  N  X  A  E  J  N  H  S  N  N  N
S  I  I  G  F  H  X  K  F  G  N  E  F  W
```

CAMPING	DYKNING
KONST	SIMNING
BASKET	FISKE
BASEBOLL	MÅLNING
BOXNING	AVKOPPLANDE
VANDRING	SURFING
TÄVLINGS	TENNIS
FOTBOLL	RESA
GOLF	

1 - Dirigindo

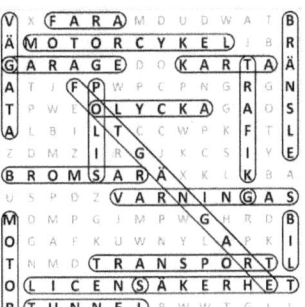

2 - Atividades

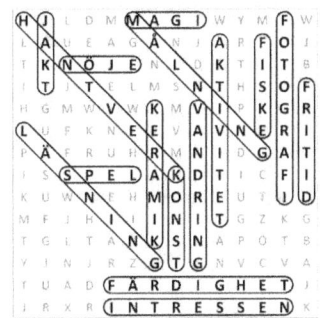

3 - Churrascos

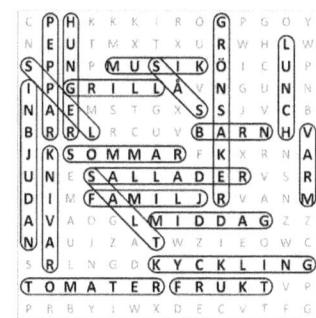

4 - Pesca

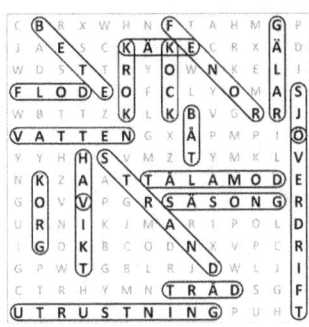

5 - Geologia

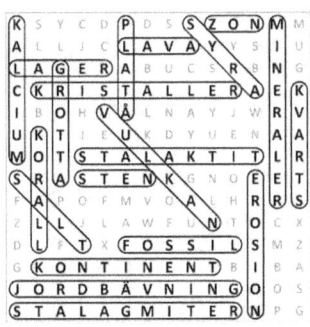

6 - Móveis

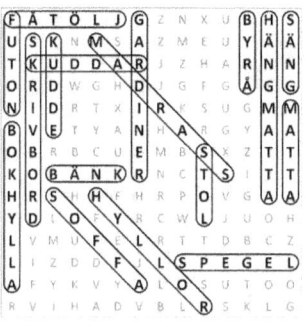

7 - Tempo

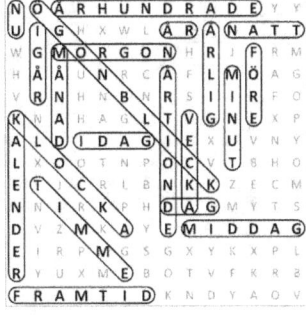

8 - Astronomia

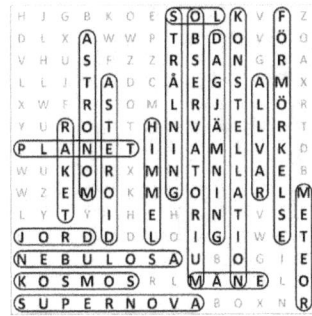

9 - Circo

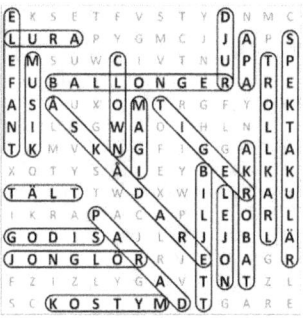

10 - Acampamento

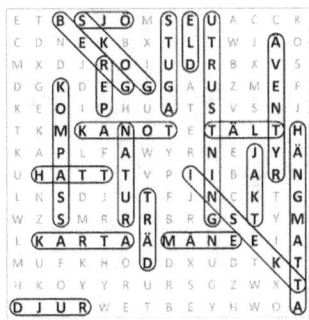

11 - Emoções

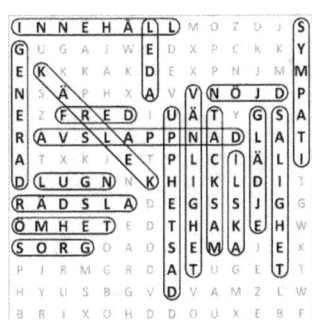

12 - Ficção Científica

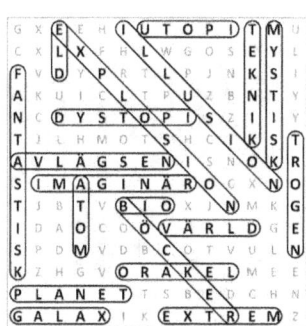

13 - Mitologia

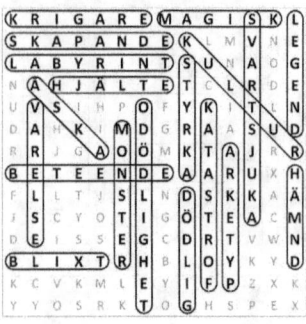

14 - Medições

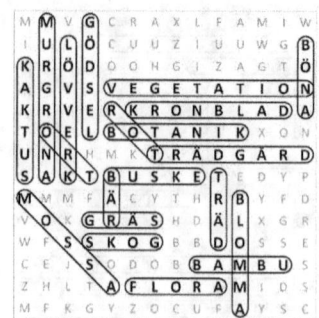

15 - Plantas

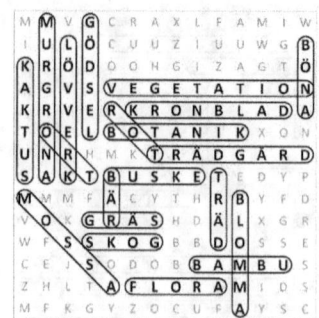

16 - Veículos

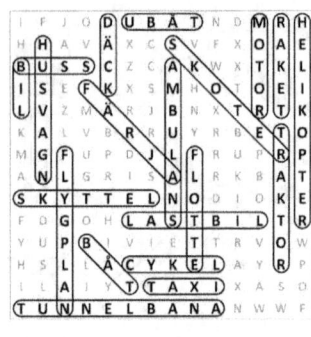

17 - Restaurante # 2

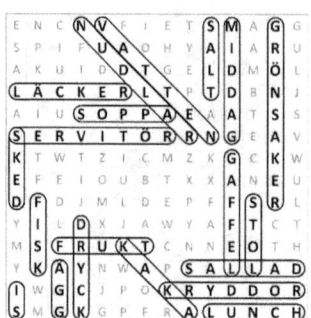

18 - Países #2

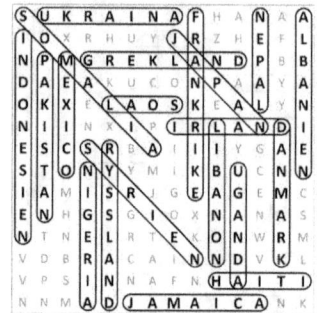

19 - Cozinha

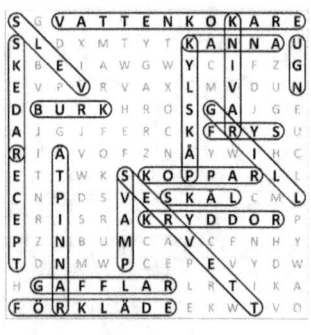

20 - Brinquedos

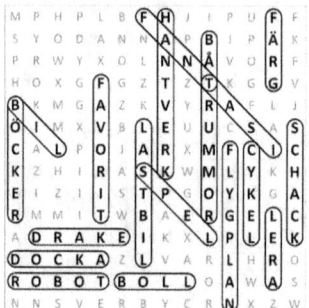

21 - Verão

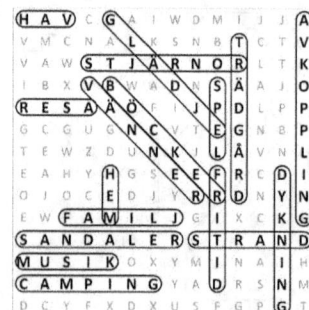

22 - Material de Arte

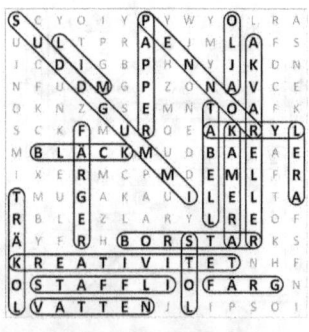

23 - Números

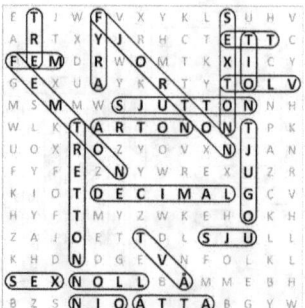

24 - Especiarias

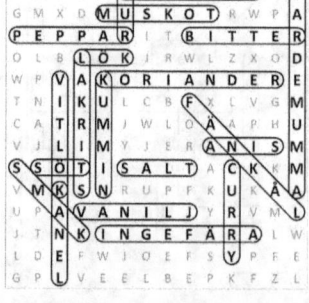

25 - Aniversário

26 - Casa

27 - Vegetais

28 - Exploração

29 - Balé

30 - Conservação

31 - Adjetivos #1

32 - Insetos

33 - Paisagens

34 - Dança

35 - Nutrição

36 - Disciplinas Científicas

37 - Meditação

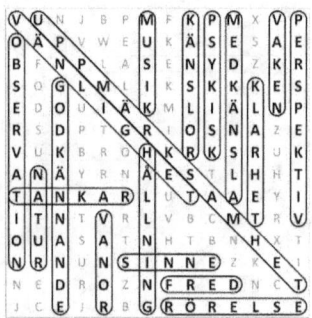

38 - Gatos

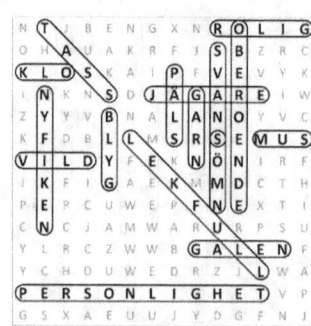

39 - Artes Visuais

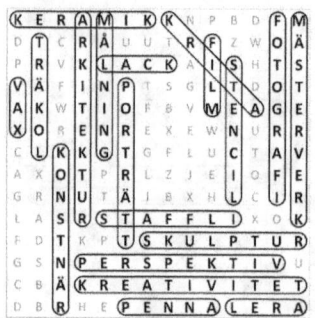

40 - Instrumentos Musicais

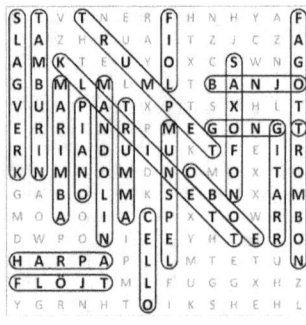

41 - Escola #1

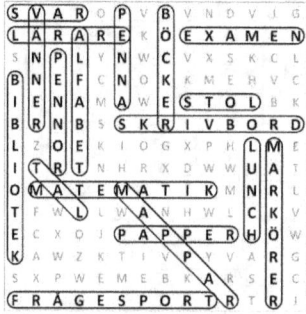

42 - Adjetivos #2

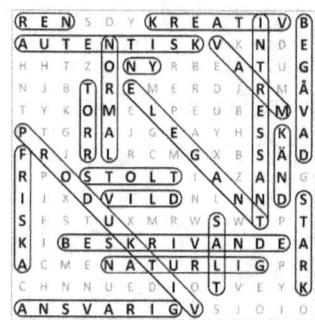

43 - Roupas

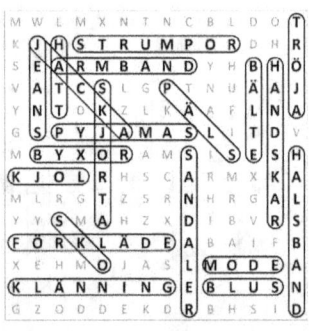

44 - Herbalismo

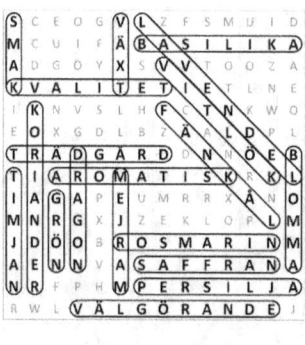

45 - Frutas

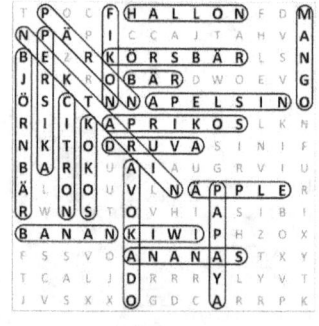

46 - Corpo Humano

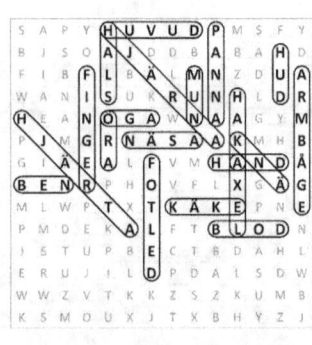

47 - Restaurante #1

48 - Caminhada

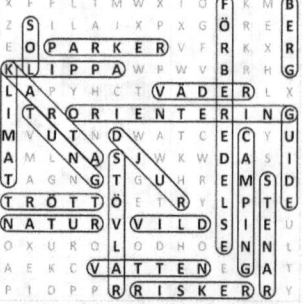

49 - Água

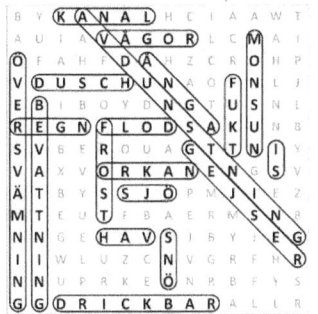

50 - Ecologia

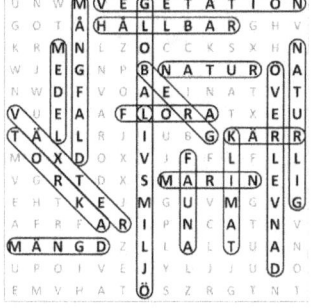

51 - Família

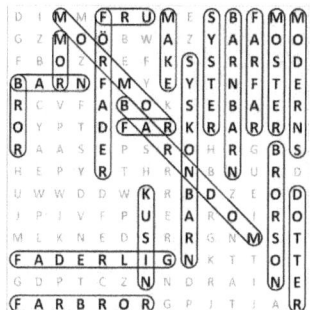

52 - Férias #2

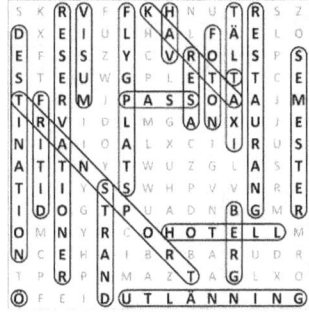

53 - Edifícios

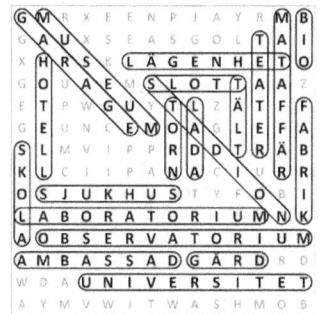

54 - Ferramentas de Cozinha

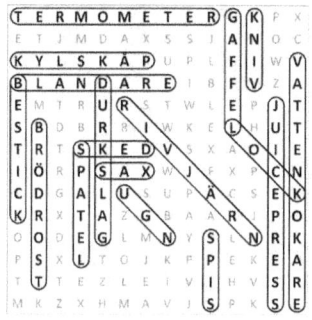

55 - Xadrez

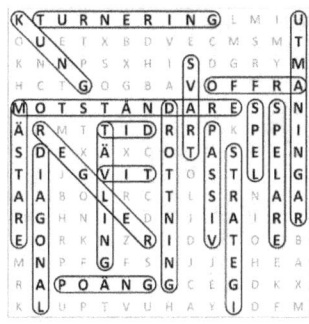

56 - Aventura

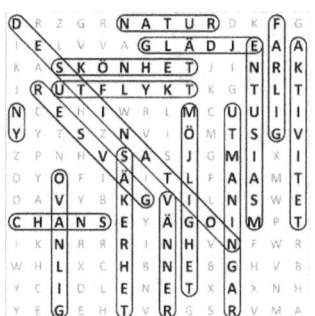

57 - Surf

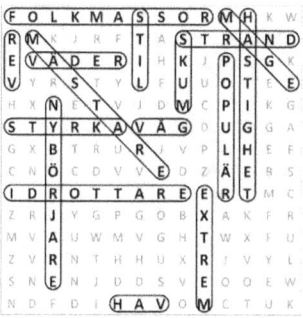

58 - Floresta Tropical

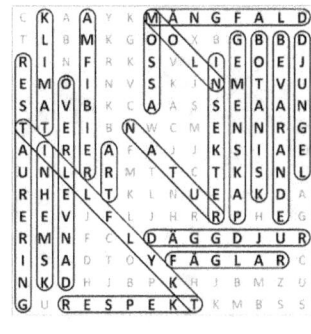

59 - Cidade

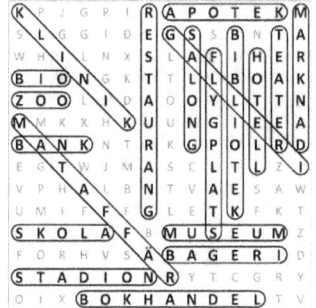

60 - Matemática

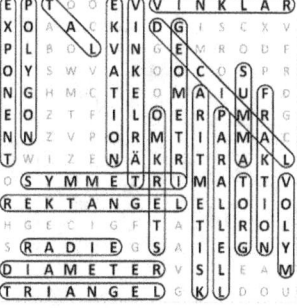

61 - Natureza

62 - Preencher

63 - Animais de Estimação

64 - Escalada

65 - Aviões

66 - Tipos de Cabelo

67 - Formas

68 - Dias e Meses

69 - Geografia

70 - Antártica

71 - Flores

72 - Fazenda #1

73 - Livros

74 - Chocolate

75 - Profissões #2

76 - Fazenda #2

77 - Jardim

78 - Oceano

79 - Profissões #1

80 - Campeonato

81 - Castelos

82 - Escola # 2

83 - Abelhas

84 - Banheiro

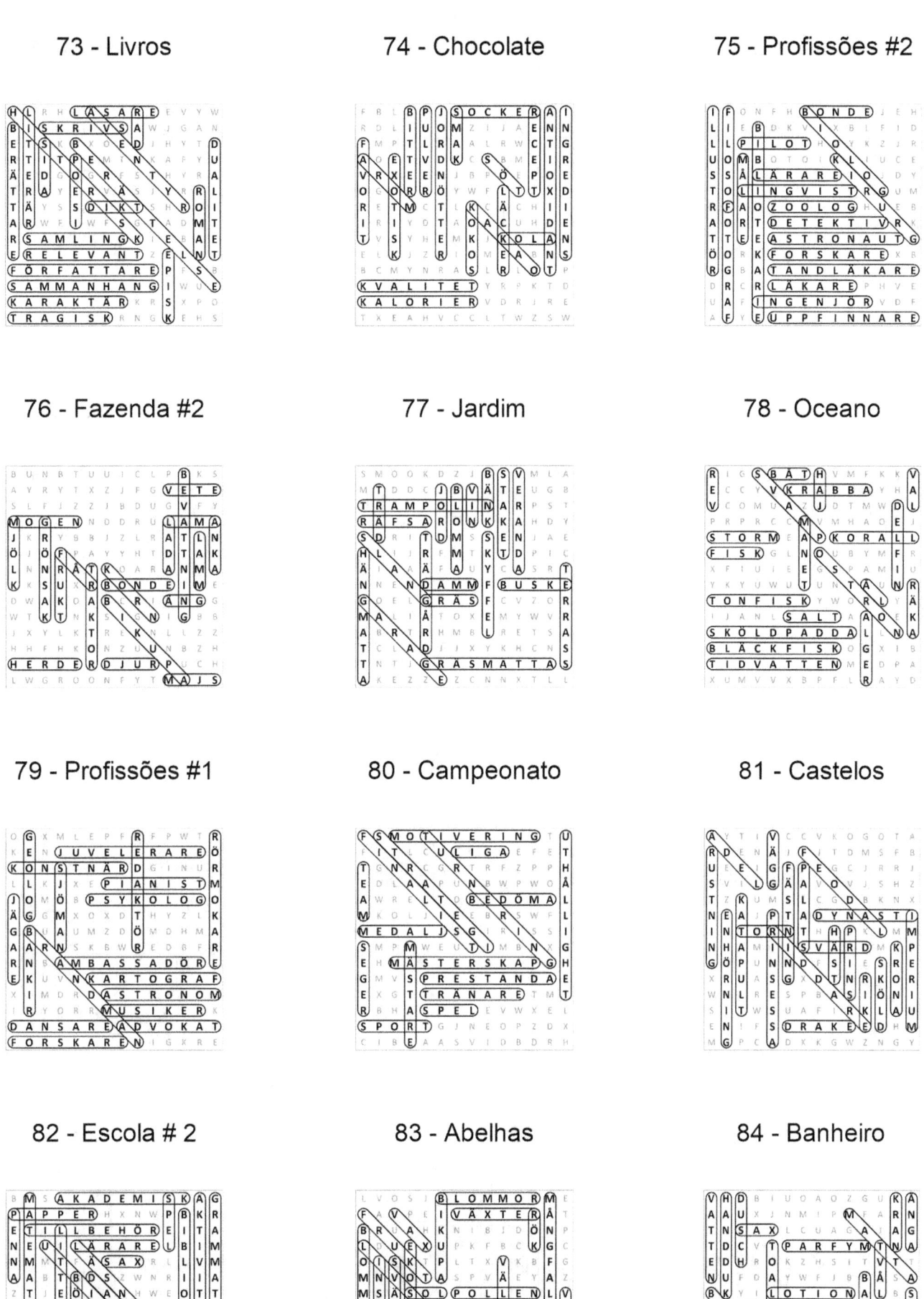

85 - Ciência

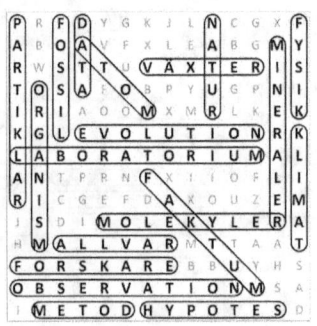

86 - Cores

87 - Comida #1

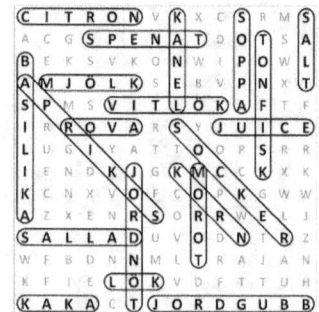

88 - Pássaros

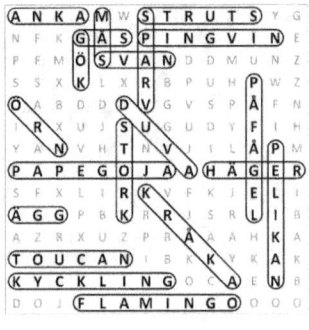

89 - Virtudes #1

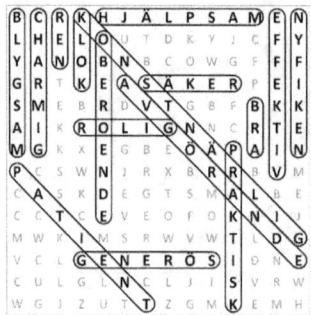

90 - Literatura

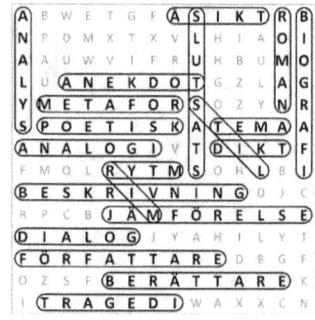

91 - Clima

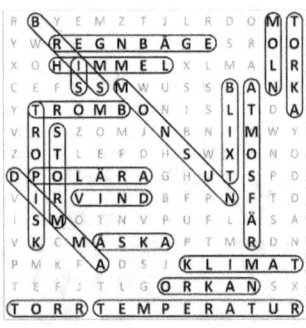

92 - Tecnologia

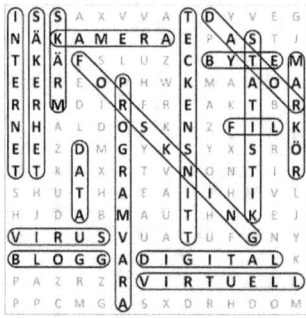

93 - Arte

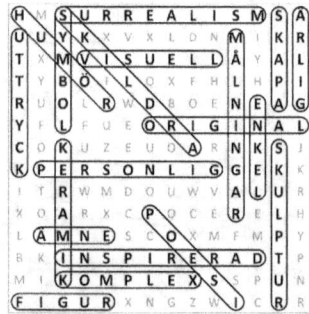

94 - Dinossauros

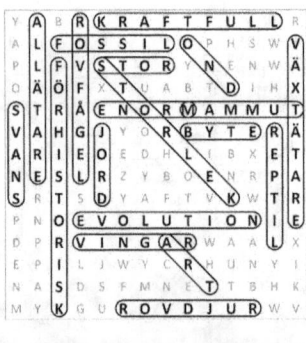

95 - Esportes

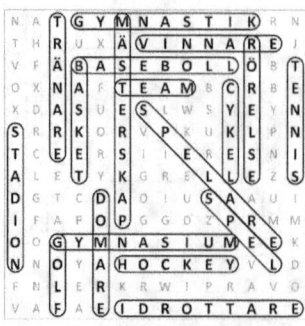

96 - Comida # 2

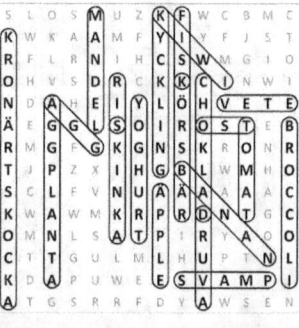

97 - Barcos

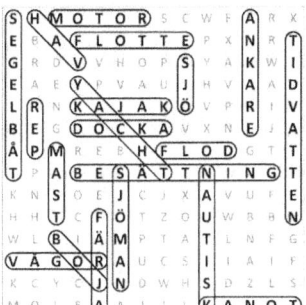

98 - Piratas

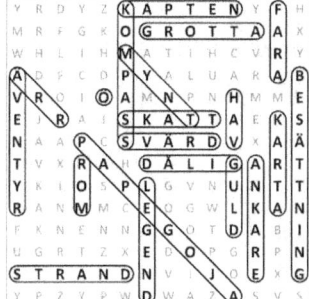

99 - Mamíferos

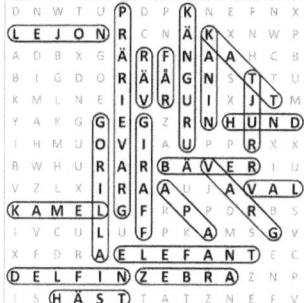

100 - Atividades e Lazer

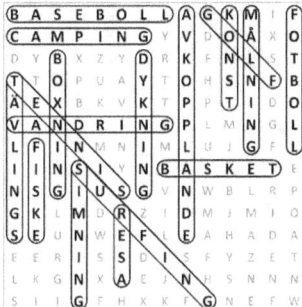

Dicionário

Abelhas
Bin

Asas	Vingar
Benéfico	Välgörande
Cera	Vax
Colmeia	Bikupa
Diversidade	Mångfald
Ecossistema	Ekosystem
Enxame	Svärm
Flor	Blomma
Flores	Blommor
Fruta	Frukt
Fumaça	Rök
Habitat	Livsmiljö
Inseto	Insekt
Jardim	Trädgård
Mel	Honung
Plantas	Växter
Pólen	Pollen
Rainha	Drottning
Sol	Sol

Acampamento
Camping

Animais	Djur
Aventura	Äventyr
Árvores	Träd
Bússola	Kompass
Cabine	Stuga
Caça	Jakt
Canoa	Kanot
Chapéu	Hatt
Corda	Rep
Equipamento	Utrustning
Floresta	Skog
Fogo	Eld
Inseto	Insekt
Lago	Sjö
Lua	Måne
Maca	Hängmatta
Mapa	Karta
Montanha	Berg
Natureza	Natur
Tenda	Tält

Adjetivos #1
Adjektiv #1

Absoluto	Absolut
Aromático	Aromatisk
Artístico	Konstnärlig
Atraente	Attraktiv
Enorme	Enorm
Escuro	Mörk
Exótico	Exotisk
Fino	Tunn
Generoso	Generös
Grande	Stor
Honesto	Ärlig
Idêntico	Identisk
Importante	Viktig
Lento	Långsam
Misterioso	Mystisk
Moderno	Modern
Perfeito	Perfekt
Pesado	Tung
Sério	Allvarlig
Valioso	Värdefull

Adjetivos #2
Adjektiv #2

Autêntico	Autentisk
Criativo	Kreativ
Descritivo	Beskrivande
Dotado	Begåvad
Elegante	Elegant
Famoso	Känd
Forte	Stark
Interessante	Intressant
Natural	Naturlig
Normal	Normal
Novo	Ny
Orgulhoso	Stolt
Produtivo	Produktiv
Puro	Ren
Quente	Varm
Responsável	Ansvarig
Salgado	Salt
Saudável	Friska
Seco	Torr
Selvagem	Vild

Animais de Estimação
Husdjur

Água	Vatten
Cabra	Get
Cachorro	Valp
Cauda	Svans
Cão	Hund
Coelho	Kanin
Colarinho	Krage
Garras	Klor
Gatinho	Kattunge
Gato	Katt
Hamster	Hamster
Lagarto	Ödla
Mouse	Mus
Papagaio	Papegoja
Peixe	Fisk
Tartaruga	Sköldpadda
Vaca	Ko
Veterinário	Veterinär

Aniversário
Födelsedag

Alegre	Glad
Amigos	Vänner
Ano	År
Bolo	Kaka
Calendário	Kalender
Canção	Låt
Cartões	Kort
Celebração	Firande
Convites	Inbjudningar
Dia	Dag
Dom	Gåva
Especial	Särskild
Feliz	Lycklig
Jovem	Ung
Nascer	Född
Sabedoria	Visdom
Tempo	Tid
Velas	Ljus

Antártica
Antarktis

Ambiente	Miljö
Água	Vatten
Baía	Vik
Baleias	Valar
Científico	Vetenskaplig
Conservação	Bevarande
Continente	Kontinent
Expedição	Expedition
Geleiras	Glaciärer
Gelo	Is
Geografia	Geografi
Ilhas	Öar
Investigador	Forskare
Migração	Migration
Minerais	Mineraler
Península	Halvö
Pinguins	Pingviner
Rochoso	Stenig
Temperatura	Temperatur
Topografia	Topografi

Arte
Konst

Cerâmica	Keramik
Complexo	Komplex
Criar	Skapa
Escultura	Skulptur
Expressão	Uttryck
Figura	Figur
Honesto	Ärlig
Humor	Humör
Inspirado	Inspirerad
Original	Original
Pessoal	Personlig
Pinturas	Målningar
Poesia	Poesi
Retratar	Skildra
Simples	Enkel
Símbolo	Symbol
Sujeito	Ämne
Surrealismo	Surrealism
Visual	Visuell

Artes Visuais
Visuella Konsterna

Argila	Lera
Arquitetura	Arkitektur
Artista	Konstnär
Caneta	Penna
Carvão	Träkol
Cavalete	Staffli
Cera	Vax
Cerâmica	Keramik
Criatividade	Kreativitet
Escultura	Skulptur
Estêncil	Stencil
Filme	Film
Fotografia	Fotografi
Giz	Krita
Obra-Prima	Mästerverk
Perspectiva	Perspektiv
Pintura	Målning
Retrato	Porträtt
Verniz	Lack

Astronomia
Astronomi

Asteróide	Asteroid
Astronauta	Astronaut
Astrônomo	Astronom
Céu	Himmel
Constelação	Konstellation
Cosmos	Kosmos
Eclipse	Förmörkelse
Equinócio	Dagjämning
Foguete	Raket
Gravidade	Allvar
Lua	Måne
Meteoro	Meteor
Nebulosa	Nebulosa
Observatório	Observatorium
Planeta	Planet
Radiação	Strålning
Solar	Sol
Supernova	Supernova
Terra	Jord
Universo	Universum

Atividades
Aktiviteter

Arte	Konst
Artesanato	Hantverk
Atividade	Aktivitet
Caca	Jakt
Caminhada	Vandring
Cerâmica	Keramik
Fotografia	Fotografi
Habilidade	Färdighet
Interesses	Intressen
Jogos	Spel
Lazer	Fritid
Lendo	Läsning
Magia	Magi
Pesca	Fiske
Pintura	Målning
Prazer	Nöje
Relaxamento	Avkoppling

Atividades e Lazer
Aktiviteter och Fritid

Acampamento	Camping
Arte	Konst
Basquete	Basket
Beisebol	Baseboll
Boxe	Boxning
Caminhada	Vandring
Corrida	Tävlings
Futebol	Fotboll
Golfe	Golf
Mergulho	Dykning
Natação	Simning
Pesca	Fiske
Pintura	Målning
Relaxante	Avkopplande
Surfe	Surfing
Tênis	Tennis
Viagem	Resa
Voleibol	Volleyboll

Aventura
Äventyr

Alegria	Glädje
Amigos	Vänner
Atividade	Aktivitet
Beleza	Skönhet
Chance	Chans
Desafios	Utmaningar
Destino	Destination
Dificuldade	Svårighet
Entusiasmo	Entusiasm
Excursão	Utflykt
Incomum	Ovanlig
Itinerário	Resväg
Natureza	Natur
Navegação	Navigering
Novo	Ny
Oportunidade	Möjlighet
Perigoso	Farlig
Preparação	Förberedelse
Segurança	Säkerhet
Surpreendente	Överraskande

Aviões
Flygplan

Altura	Höjd
Ar	Luft
Aterrissagem	Landning
Atmosfera	Atmosfär
Aventura	Äventyr
Balão	Ballong
Céu	Himmel
Combustível	Bränsle
Construção	Konstruktion
Descida	Härkomst
Direção	Riktning
Hidrogênio	Väte
História	Historia
Inflar	Blåsa Upp
Motor	Motor
Navegar	Navigera
Passageiro	Passagerare
Piloto	Pilot
Tripulação	Besättning
Turbulência	Turbulens

Água
Vatten

Canal	Kanal
Chuva	Regn
Chuveiro	Dusch
Evaporação	Avdunstning
Furacão	Orkan
Geada	Frost
Gelo	Is
Geyser	Gejser
Inundação	Översvämning
Irrigação	Bevattning
Lago	Sjö
Monção	Monsun
Neve	Snö
Oceano	Hav
Ondas	Vågor
Potável	Drickbar
Rio	Flod
Umidade	Fukt
Vapor	Ånga

Balé
Balett

Aplauso	Applåder
Artístico	Konstnärlig
Bailarina	Ballerina
Compositor	Kompositör
Coreografia	Koreografi
Dançarinos	Dansare
Ensaio	Repetition
Estilo	Stil
Expressivo	Uttrycksfull
Gesto	Gest
Gracioso	Graciös
Habilidade	Färdighet
Intensidade	Intensitet
Músculos	Muskler
Música	Musik
Orquestra	Orkester
Prática	Öva
Público	Publik
Ritmo	Rytm
Técnica	Teknik

Banheiro
Badrum

Água	Vatten
Banheiro	Toalett
Banho	Bad
Bolhas	Bubblor
Chuveiro	Dusch
Espelho	Spegel
Esponja	Svamp
Loção	Lotion
Perfume	Parfym
Sabão	Tvål
Tapete	Matta
Tesoura	Sax
Toalha	Handduk
Torneira	Kran
Vapor	Ånga
Xampu	Schampo

Barcos
Båtar

Âncora	Ankare
Balsa	Färja
Bóia	Boj
Caiaque	Kajak
Canoa	Kanot
Corda	Rep
Doca	Docka
Iate	Yacht
Jangada	Flotte
Lago	Sjö
Mar	Hav
Maré	Tidvatten
Marinheiro	Sjöman
Mastro	Mast
Motor	Motor
Náutico	Nautisk
Ondas	Vågor
Rio	Flod
Tripulação	Besättning
Veleiro	Segelbåt

Brinquedos
Leksaker

Argila	Lera
Artesanato	Hantverk
Avião	Flygplan
Barco	Båt
Bateria	Trummor
Bicicleta	Cykel
Bola	Boll
Boneca	Docka
Caminhão	Lastbil
Carro	Bil
Favorito	Favorit
Imaginação	Fantasi
Jogos	Spel
Livros	Böcker
Pipa	Drake
Robô	Robot
Tintas	Färg
Xadrez	Schack

Caminhada
Vandring

Acampamento	Camping
Animais	Djur
Água	Vatten
Botas	Stövlar
Cansado	Trött
Clima	Klimat
Guias	Guide
Mapa	Karta
Montanha	Berg
Natureza	Natur
Orientação	Orientering
Parques	Parker
Pedras	Stenar
Penhasco	Klippa
Perigos	Risker
Pesado	Tung
Preparação	Förberedelse
Selvagem	Vild
Sol	Sol
Tempo	Väder

Campeonato
Mästerskap

Campeão	Mästare
Campeonato	Mästerskap
Desempenho	Prestanda
Equipe	Team
Esportes	Sport
Estratégia	Strategi
Finalista	Finalist
Jogos	Spel
Juiz	Bedöma
Liga	Liga
Medalha	Medalj
Motivação	Motivering
Resistência	Uthållighet
Torneio	Turnering
Treinador	Tränare
Vitória	Seger

Casa
Hus

Biblioteca	Bibliotek
Cerca	Staket
Chaminé	Skorsten
Chaves	Nycklar
Chuveiro	Dusch
Cortinas	Gardiner
Cozinha	Kök
Espelho	Spegel
Garagem	Garage
Janela	Fönster
Jardim	Trädgård
Lareira	Öppen Spis
Mobiliário	Möbel
Parede	Vägg
Porta	Dörr
Quarto	Rum
Sótão	Vind
Tapete	Matta
Torneira	Kran
Vassoura	Kvast

Castelos
Slott

Armadura	Rustning
Catapulta	Katapult
Cavaleiro	Riddare
Cavalo	Häst
Coroa	Krona
Dinastia	Dynasti
Dragão	Drake
Escudo	Sköld
Espada	Svärd
Feudal	Feodal
Fortaleza	Fästning
Império	Imperium
Nobre	Ädel
Palácio	Palats
Parede	Vägg
Princesa	Prinsessa
Príncipe	Prins
Reino	Rike
Torre	Torn
Unicórnio	Enhörning

Chocolate
Choklad

Açúcar	Socker
Amargo	Bitter
Amendoins	Jordnötter
Antioxidante	Antioxidant
Aroma	Arom
Cacau	Kakao
Calorias	Kalorier
Caramelo	Kola
Coco	Kokos
Delicioso	Läcker
Doce	Söt
Exótico	Exotisk
Favorito	Favorit
Gosto	Smak
Ingrediente	Ingrediens
Pó	Pulver
Qualidade	Kvalitet
Receita	Recept

Churrascos
Grillar

Almoço	Lunch
Convite	Inbjudan
Crianças	Barn
Facas	Knivar
Família	Familj
Fome	Hunger
Frango	Kyckling
Fruta	Frukt
Grelha	Grill
Jantar	Middag
Jogos	Spel
Legumes	Grönsaker
Molho	Sås
Música	Musik
Pimenta	Peppar
Quente	Varm
Sal	Salt
Saladas	Sallader
Tomates	Tomater
Verão	Sommar

Cidade
Staden

Aeroporto	Flygplats
Banco	Bank
Biblioteca	Bibliotek
Cinema	Bio
Clínica	Klinik
Escola	Skola
Estádio	Stadion
Farmácia	Apotek
Galeria	Galleri
Hotel	Hotell
Jardim Zoológico	Zoo
Livraria	Bokhandel
Mercado	Marknad
Museu	Museum
Padaria	Bageri
Restaurante	Restaurang
Salão	Salong
Supermercado	Mataffär
Teatro	Teater
Universidade	Universitet

Ciência
Vetenskap

Átomo	Atom
Cientista	Forskare
Clima	Klimat
Dados	Data
Evolução	Evolution
Fato	Faktum
Física	Fysik
Fóssil	Fossil
Gravidade	Allvar
Hipótese	Hypotes
Laboratório	Laboratorium
Método	Metod
Minerais	Mineraler
Moléculas	Molekyler
Natureza	Natur
Observação	Observation
Organismo	Organism
Partículas	Partiklar
Plantas	Växter
Químico	Kemisk

Circo
Cirkus

Acrobata	Akrobat
Animais	Djur
Balões	Ballonger
Bilhete	Biljett
Desfile	Parad
Doce	Godis
Elefante	Elefant
Espectador	Åskådare
Espetacular	Spektakulär
Leão	Lejon
Macaco	Apa
Magia	Magi
Malabarista	Jonglör
Mágico	Trollkarl
Música	Musik
Palhaço	Clown
Tenda	Tält
Tigre	Tiger
Traje	Kostym
Truque	Lura

Clima
Väder

Arco-Íris	Regnbåge
Atmosfera	Atmosfär
Brisa	Bris
Céu	Himmel
Clima	Klimat
Furacão	Orkan
Gelo	Is
Monção	Monsun
Nevoeiro	Dimma
Nuvem	Moln
Polar	Polära
Relâmpago	Blixt
Seca	Torka
Seco	Torr
Temperatura	Temperatur
Tempestade	Storm
Tornado	Tromb
Tropical	Tropisk
Trovão	Åska
Vento	Vind

Comida # 2
Mat #2

Alcachofra	Kronärtskocka
Amêndoa	Mandel
Arroz	Ris
Banana	Banan
Beringela	Äggplanta
Brócolis	Broccoli
Cereja	Körsbär
Chocolate	Choklad
Cogumelo	Svamp
Frango	Kyckling
Iogurte	Yoghurt
Kiwi	Kiwi
Maçã	Äpple
Ovo	Ägg
Peixe	Fisk
Presunto	Skinka
Queijo	Ost
Tomate	Tomat
Trigo	Vete
Uva	Druva

Comida #1
Mat #1

Açúcar	Socker
Alho	Vitlök
Amendoim	Jordnöt
Atum	Tonfisk
Bolo	Kaka
Canela	Kanel
Cebola	Lök
Cenoura	Morot
Cevada	Korn
Damasco	Aprikos
Espinafre	Spenat
Leite	Mjölk
Limão	Citron
Manjericão	Basilika
Morango	Jordgubb
Nabo	Rova
Sal	Salt
Salada	Sallad
Sopa	Soppa
Suco	Juice

Conservação
Bevarande

Ambiental	Miljö
Água	Vatten
Ciclo	Cykel
Clima	Klimat
Ecossistema	Ekosystem
Educação	Utbildning
Habitat	Livsmiljö
Natural	Naturlig
Orgânico	Organisk
Poluição	Förorening
Reciclar	Återvinna
Reduzir	Minska
Saúde	Hälsa
Sustentável	Hållbar
Verde	Grön
Voluntário	Volontär

Cores
Färger

Amarelo	Gul
Azul	Blå
Bege	Beige
Branco	Vit
Ciano	Cyan
Cinza	Grå
Fuchsia	Fuchsia
Laranja	Apelsin
Magenta	Magenta
Marrom	Brun
Preto	Svart
Rosa	Rosa
Roxo	Lila
Sépia	Sepia
Verde	Grön
Vermelho	Röd
Violeta	Violett

Corpo Humano
Människokroppen

Boca	Mun
Cabeça	Huvud
Cérebro	Hjärna
Coração	Hjärta
Cotovelo	Armbåge
Dedo	Finger
Joelho	Knä
Mandíbula	Käke
Mão	Hand
Nariz	Näsa
Olho	Öga
Ombro	Axel
Orelha	Öra
Pele	Hud
Perna	Ben
Pescoço	Hals
Queixo	Haka
Sangue	Blod
Testa	Panna
Tornozelo	Fotled

Cozinha
Kök

Avental	Förkläde
Chaleira	Vattenkokare
Colheres	Skedar
Concha	Slev
Cups	Koppar
Especiarias	Kryddor
Esponja	Svamp
Facas	Knivar
Forno	Ugn
Freezer	Frys
Garfos	Gafflar
Geladeira	Kylskåp
Grelha	Grill
Guardanapo	Servett
Jar	Burk
Jarro	Kanna
Pauzinhos	Ätpinnar
Receita	Recept
Tigela	Skål

Dança
Dansa

Academia	Akademi
Alegre	Glad
Arte	Konst
Clássico	Klassisk
Coreografia	Koreografi
Corpo	Kropp
Cultura	Kultur
Cultural	Kulturell
Emoção	Känsla
Ensaio	Repetition
Expressivo	Uttrycksfull
Graça	Nåd
Movimento	Rörelse
Música	Musik
Parceiro	Partner
Postura	Hållning
Ritmo	Rytm
Saltar	Hoppa
Tradicional	Traditionell
Visual	Visuell

Dias e Meses
Dagar och Månader

Abril	April
Agosto	Augusti
Ano	År
Calendário	Kalender
Dezembro	December
Domingo	Söndag
Fevereiro	Februari
Janeiro	Januari
Julho	Juli
Junho	Juni
Mês	Månad
Novembro	November
Outubro	Oktober
Quinta-Feira	Torsdag
Sábado	Lördag
Segunda-Feira	Måndag
Semana	Vecka
Setembro	September
Sexta-Feira	Fredag
Terça	Tisdag

Dinossauros
Dinosaurier

Asas	Vingar
Carnívoro	Rovdjur
Cauda	Svans
Desaparecimento	Försvinnande
Enorme	Enorm
Espécies	Art
Evolução	Evolution
Fósseis	Fossil
Grande	Stor
Herbívoro	Växtätare
Mamute	Mammut
Onívoro	Allätare
Poderoso	Kraftfull
Presa	Byte
Pré-Histórico	Förhistorisk
Raptor	Rovfågel
Réptil	Reptil
Tamanho	Storlek
Terra	Jord
Vicioso	Ond

Dirigindo
Körning

Acidente	Olycka
Carro	Bil
Combustível	Bränsle
Cuidado	Varning
Estrada	Väg
Freios	Bromsar
Garagem	Garage
Gás	Gas
Licença	Licens
Mapa	Karta
Motocicleta	Motorcykel
Motor	Motor
Pedestre	Fotgängare
Perigo	Fara
Polícia	Polis
Rua	Gata
Segurança	Säkerhet
Transporte	Transport
Tráfego	Trafik
Túnel	Tunnel

Disciplinas Científicas
Vetenskapliga Discipliner

Anatomia	Anatomi
Arqueologia	Arkeologi
Astronomia	Astronomi
Biologia	Biologi
Bioquímica	Biokemi
Botânica	Botanik
Cinesiologia	Kinesiologi
Ecologia	Ekologi
Fisiologia	Fysiologi
Geologia	Geologi
Imunologia	Immunologi
Linguística	Lingvistik
Meteorologia	Meteorologi
Mineralogia	Mineralogi
Neurologia	Neurologi
Psicologia	Psykologi
Química	Kemi
Sociologia	Sociologi
Termodinâmica	Termodynamik
Zoologia	Zoologi

Ecologia
Ekologi

Clima	Klimat
Comunidades	Samhällen
Diversidade	Mångfald
Fauna	Fauna
Flora	Flora
Global	Global
Habitat	Livsmiljö
Marinho	Marin
Montanhas	Berg
Natural	Naturlig
Natureza	Natur
Pântano	Kärr
Plantas	Växter
Recursos	Medel
Seca	Torka
Sobrevivência	Överlevnad
Sustentável	Hållbar
Variedade	Mängd
Vegetação	Vegetation
Voluntários	Frivilliga

Edifícios
Byggnader

Apartamento	Lägenhet
Castelo	Slott
Celeiro	Lada
Cinema	Bio
Embaixada	Ambassad
Escola	Skola
Estádio	Stadion
Fazenda	Gård
Fábrica	Fabrik
Garagem	Garage
Hospital	Sjukhus
Hotel	Hotell
Laboratório	Laboratorium
Museu	Museum
Observatório	Observatorium
Supermercado	Mataffär
Teatro	Teater
Tenda	Tält
Torre	Torn
Universidade	Universitet

Emoções
Känslor

Alegria	Glädje
Amor	Kärlek
Animado	Upphetsad
Bem-Aventurança	Salighet
Bondade	Vänlighet
Conteúdo	Innehåll
Envergonhado	Generad
Grato	Tacksam
Medo	Rädsla
Paz	Fred
Raiva	Ilska
Relaxado	Avslappnad
Satisfeito	Nöjd
Simpatia	Sympati
Ternura	Ömhet
Tédio	Leda
Tranquilidade	Lugn
Tristeza	Sorg

Escalada
Klättring

Altitude	Höjd
Atmosfera	Atmosfär
Botas	Stövlar
Caminhada	Vandring
Capacete	Hjälm
Caverna	Grotta
Curiosidade	Nyfikenhet
Desafios	Utmaningar
Especialista	Expert
Estabilidade	Stabilitet
Estreito	Smal
Físico	Fysisk
Força	Styrka
Guias	Guide
Luvas	Handskar
Mapa	Karta
Terreno	Terräng

Escola # 2
Skola #2

Acadêmico	Akademisk
Atividades	Aktiviteter
Biblioteca	Bibliotek
Calendário	Kalender
Ciência	Vetenskap
Computador	Dator
Dicionário	Ordbok
Educação	Utbildning
Gramática	Grammatik
Jogos	Spel
Lápis	Penna
Leitura	Läsning
Literatura	Litteratur
Livros	Böcker
Matemática	Matematik
Mochila	Ryggsäck
Papel	Papper
Professor	Lärare
Suprimentos	Tillbehör
Tesoura	Sax

Escola #1
Skola # 1

Alfabeto	Alfabet
Almoço	Lunch
Amigos	Vänner
Biblioteca	Bibliotek
Cadeira	Stol
Canetas	Pennor
Exames	Examen
Lápis	Penna
Livros	Böcker
Marcadores	Markörer
Matemática	Matematik
Mesa	Skrivbord
Números	Tal
Papel	Papper
Pastas	Mappar
Professor	Lärare
Questionário	Frågesport
Respostas	Svar

Especiarias
Kryddor

Açafrão	Saffran
Alcaçuz	Lakrits
Alho	Vitlök
Amargo	Bitter
Anis	Anis
Azedo	Sur
Baunilha	Vanilj
Canela	Kanel
Cardamomo	Kardemumma
Caril	Curry
Cebola	Lök
Coentro	Koriander
Cominho	Kummin
Doce	Söt
Funcho	Fänkål
Gengibre	Ingefära
Noz-Moscada	Muskot
Pimenta	Peppar
Sabor	Smak
Sal	Salt

Esportes
Sporter

Atleta	Idrottare
Árbitro	Domare
Basquete	Basket
Beisebol	Baseboll
Bicicleta	Cykel
Campeonato	Mästerskap
Equipe	Team
Estádio	Stadion
Ganhador	Vinnare
Ginásio	Gymnasium
Ginástica	Gymnastik
Golfe	Golf
Hóquei	Hockey
Jogador	Spelare
Jogo	Spel
Movimento	Rörelse
Tênis	Tennis
Treinador	Tränare

Exploração
Prospektering

Animais	Djur
Atividade	Aktivitet
Coragem	Mod
Culturas	Kulturer
Descoberta	Upptäckt
Desconhecido	Okänd
Determinação	Bestämning
Distante	Avlägsen
Espaço	Rymd
Exaustão	Utmattning
Excitação	Spänning
Língua	Språk
Novo	Ny
Perigos	Risker
Selvagem	Vild
Terreno	Terräng
Viagem	Resa

Família
Familj

Antepassado	Förfader
Avó	Mormor
Avô	Farfar
Criança	Barn
Esposa	Fru
Filha	Dotter
Infância	Barndom
Irmã	Syster
Irmão	Bror
Marido	Make
Materno	Moderns
Mãe	Mor
Neto	Barnbarn
Pai	Far
Paterno	Faderlig
Primo	Kusin
Sobrinha	Syskonbarn
Sobrinho	Brorson
Tia	Moster
Tio	Farbror

Fazenda #1
Gård #1

Abelha	Bi
Agricultura	Jordbruk
Arroz	Ris
Água	Vatten
Bezerro	Kalv
Burro	Åsna
Cabra	Get
Campo	Fält
Cavalo	Häst
Cão	Hund
Cerca	Staket
Corvo	Kråka
Feno	Hö
Fertilizante	Gödsel
Frango	Kyckling
Gato	Katt
Mel	Honung
Porco	Gris
Rebanho	Flock
Vaca	Ko

Fazenda #2
Gård #2

Agricultor	Bonde
Animais	Djur
Celeiro	Lada
Cevada	Korn
Colmeia	Bikupa
Cordeiro	Lamm
Fruta	Frukt
Irrigação	Bevattning
Leite	Mjölk
Lhama	Lama
Maduro	Mogen
Milho	Majs
Ovelha	Får
Pastor	Herde
Pato	Anka
Pomar	Fruktträdgård
Prado	Äng
Trator	Traktor
Trigo	Vete
Vegetal	Grönsak

Ferramentas de Cozinha
Matlagningsverktyg

Chaleira	Vattenkokare
Coador	Durkslag
Colher	Sked
Espátula	Spatel
Espremedor	Juicepress
Faca	Kniv
Fogão	Spis
Forno	Ugn
Garfo	Gaffel
Geladeira	Kylskåp
Liquidificador	Blandare
Ralador	Rivjärn
Talheres	Bestick
Tampa	Lock
Termômetro	Termometer
Tesoura	Sax
Torradeira	Brödrost

Férias #2
Semester # 2

Aeroporto	Flygplats
Destino	Destination
Estrangeiro	Utlänning
Feriado	Semester
Fotos	Foton
Hotel	Hotell
Ilha	Ö
Lazer	Fritid
Mapa	Karta
Mar	Hav
Montanhas	Berg
Passaporte	Pass
Praia	Strand
Reservas	Reservationer
Restaurante	Restaurang
Táxi	Taxi
Tenda	Tält
Transporte	Transport
Viagem	Resa
Visto	Visum

Ficção Científica
Science Fiction

Atómico	Atom
Cinema	Bio
Distante	Avlägsen
Distopia	Dystopi
Explosão	Explosion
Extremo	Extrem
Fantástico	Fantastisk
Fogo	Eld
Futurista	Trogen
Galáxia	Galax
Ilusão	Illusion
Imaginário	Imaginär
Livros	Böcker
Misterioso	Mystisk
Mundo	Värld
Oráculo	Orakel
Planeta	Planet
Robôs	Robotar
Tecnologia	Teknik
Utopia	Utopi

Flores
Blommor

Buquê	Bukett
Calêndula	Ringblomma
Dente-De-Leão	Maskros
Gardênia	Gardenia
Girassol	Solros
Hibisco	Hibiskus
Jasmim	Jasmin
Lavanda	Lavendel
Lilás	Lila
Lírio	Lilja
Magnólia	Magnolia
Margarida	Tusensköna
Narciso	Påsklilja
Orquídea	Orkidé
Papoula	Vallmo
Peônia	Pion
Pétala	Kronblad
Plumeria	Plumeria
Trevo	Klöver
Tulipa	Tulpan

Floresta Tropical
Regnskog

Anfíbios	Amfibier
Botânico	Botanisk
Clima	Klimat
Comunidade	Gemenskap
Diversidade	Mångfald
Espécies	Art
Indígena	Inhemsk
Insetos	Insekter
Mamíferos	Däggdjur
Musgo	Mossa
Natureza	Natur
Nuvens	Moln
Pássaros	Fåglar
Preservação	Bevarande
Refúgio	Tillflykt
Respeito	Respekt
Restauração	Restaurering
Selva	Djungel
Sobrevivência	Överlevnad
Valioso	Värdefull

Formas
Former

Arco	Båge
Canto	Hörn
Cilindro	Cylinder
Círculo	Cirkel
Cone	Kon
Cubo	Kub
Curva	Kurva
Elipse	Ellips
Esfera	Sfär
Hipérbole	Hyperbel
Lado	Sida
Linha	Linje
Oval	Oval
Pirâmide	Pyramid
Polígono	Polygon
Prisma	Prisma
Quadrado	Torg
Retângulo	Rektangel
Triângulo	Triangel

Frutas
Frukt

Abacate	Avokado
Abacaxi	Ananas
Amora	Björnbär
Baga	Bär
Banana	Banan
Cereja	Körsbär
Coco	Kokos
Damasco	Aprikos
Figo	Fikon
Framboesa	Hallon
Kiwi	Kiwi
Laranja	Apelsin
Limão	Citron
Maçã	Äpple
Mamão	Papaya
Manga	Mango
Nectarina	Nektarin
Pera	Päron
Pêssego	Persika
Uva	Druva

Gatos
Katter

Brincalhão	Lekfull
Caçador	Jägare
Cauda	Svans
Curioso	Nyfiken
Dormir	Sömn
Engraçado	Rolig
Fio	Garn
Garra	Klo
Independente	Oberoende
Louco	Galen
Mouse	Mus
Pata	Tass
Pele	Päls
Personalidade	Personlighet
Selvagem	Vild
Tímido	Blyg

Geografia
Geografi

Altitude	Höjd
Atlas	Atlas
Cidade	Stad
Continente	Kontinent
Hemisfério	Halvklot
Ilha	Ö
Latitude	Breddgrad
Longitude	Longitud
Mapa	Karta
Mar	Hav
Meridiano	Meridian
Montanha	Berg
Mundo	Värld
Norte	Norr
Oeste	Väst
País	Land
Região	Område
Rio	Flod
Sul	Söder
Território	Territorium

Geologia
Geologi

Ácido	Syra
Camada	Lager
Caverna	Grotta
Cálcio	Kalcium
Continente	Kontinent
Coral	Korall
Cristais	Kristaller
Erosão	Erosion
Estalactite	Stalaktit
Estalagmites	Stalagmiter
Fóssil	Fossil
Lava	Lava
Minerais	Mineraler
Pedra	Sten
Platô	Platå
Quartzo	Kvarts
Sal	Salt
Terremoto	Jordbävning
Vulcão	Vulkan
Zona	Zon

Herbalismo
Herbalism

Açafrão	Saffran
Alecrim	Rosmarin
Alho	Vitlök
Aromático	Aromatisk
Benéfico	Välgörande
Coentro	Koriander
Estragão	Dragon
Flor	Blomma
Funcho	Fänkål
Ingrediente	Ingrediens
Jardim	Trädgård
Lavanda	Lavendel
Manjericão	Basilika
Manjerona	Mejram
Planta	Växt
Qualidade	Kvalitet
Sabor	Smak
Salsa	Persilja
Tomilho	Timjan
Verde	Grön

Insetos
Insekter

Abelha	Bi
Barata	Kackerlacka
Besouro	Skalbagge
Borboleta	Fjäril
Cigarra	Cikada
Cupim	Termit
Formiga	Myra
Gafanhoto	Gräshoppa
Joaninha	Nyckelpiga
Larva	Larv
Libélula	Trollslända
Louva-A-Deus	Bönsyrsa
Mariposa	Mal
Minhoca	Mask
Mosquito	Mygga
Pulga	Loppa
Pulgão	Bladlus
Vespa	Geting

Instrumentos Musicais
Musikinstrument

Bandolim	Mandolin
Banjo	Banjo
Clarinete	Klarinett
Fagote	Fagott
Flauta	Flöjt
Gaita	Munspel
Gongo	Gong
Harpa	Harpa
Marimba	Marimba
Oboé	Oboe
Pandeiro	Tamburin
Percussão	Slagverk
Piano	Piano
Saxofone	Saxofon
Tambor	Trumma
Trombone	Trombon
Trompete	Trumpet
Violão	Gitarr
Violino	Fiol
Violoncelo	Cello

Jardim
Trädgård

Ancinho	Räfsa
Arbusto	Buske
Árvore	Träd
Banco	Bänk
Cerca	Staket
Flor	Blomma
Garagem	Garage
Grama	Gräs
Gramado	Gräsmatta
Jardim	Trädgård
Lagoa	Damm
Maca	Hängmatta
Mangueira	Slang
Pá	Skyffel
Pomar	Fruktträdgård
Solo	Jord
Terraço	Terrass
Trampolim	Trampolin
Varanda	Veranda
Videira	Vin

Literatura
Litteratur

Analogia	Analogi
Análise	Analys
Anedota	Anekdot
Autor	Författare
Biografia	Biografi
Comparação	Jämförelse
Conclusão	Slutsats
Descrição	Beskrivning
Diálogo	Dialog
Estilo	Stil
Metáfora	Metafor
Narrador	Berättare
Opinião	Åsikt
Poema	Dikt
Poético	Poetisk
Rima	Rim
Ritmo	Rytm
Romance	Roman
Tema	Tema
Tragédia	Tragedi

Livros
Böcker

Autor	Författare
Aventura	Äventyr
Coleção	Samling
Contexto	Sammanhang
Dualidade	Dualitet
Escrito	Skrivs
Épico	Episk
História	Berättelse
Histórico	Historisk
Leitor	Läsare
Literário	Litterär
Narrador	Berättare
Página	Sida
Personagem	Karaktär
Poema	Dikt
Poesia	Poesi
Relevante	Relevant
Romance	Roman
Série	Rad
Trágico	Tragisk

Mamíferos
Däggdjur

Baleia	Val
Camelo	Kamel
Canguru	Känguru
Castor	Bäver
Cavalo	Häst
Cão	Hund
Coelho	Kanin
Coiote	Prärievarg
Elefante	Elefant
Gato	Katt
Girafa	Giraff
Golfinho	Delfin
Gorila	Gorilla
Leão	Lejon
Lobo	Varg
Macaco	Apa
Ovelha	Får
Raposa	Räv
Touro	Tjur
Zebra	Zebra

Matemática
Matematik

Aritmética	Aritmetisk
Ângulos	Vinklar
Circunferência	Omkrets
Decimal	Decimal
Diâmetro	Diameter
Equação	Ekvation
Expoente	Exponent
Fração	Fraktion
Geometria	Geometri
Números	Tal
Paralelo	Parallell
Perpendicular	Vinkelrät
Polígono	Polygon
Quadrado	Torg
Raio	Radie
Retângulo	Rektangel
Simetria	Symmetri
Soma	Summa
Triângulo	Triangel
Volume	Volym

Material de Arte
Konstmaterial

Acrílico	Akryl
Apagador	Suddgummi
Aquarelas	Akvareller
Argila	Lera
Água	Vatten
Cadeira	Stol
Carvão	Träkol
Cavalete	Staffli
Câmera	Kamera
Cola	Lim
Cores	Färger
Criatividade	Kreativitet
Escovas	Borstar
Lápis	Pennor
Mesa	Tabell
Óleo	Olja
Papel	Papper
Tinta	Bläck
Tintas	Färg

Medições
Mått

Altura	Höjd
Byte	Byte
Centímetro	Centimeter
Comprimento	Längd
Decimal	Decimal
Grama	Gram
Grau	Grad
Largura	Bredd
Litro	Liter
Massa	Massa
Metro	Meter
Minuto	Minut
Onça	Uns
Peso	Vikt
Polegada	Tum
Profundidade	Djup
Quilograma	Kilogram
Quilômetro	Kilometer
Tonelada	Ton
Volume	Volym

Meditação
Meditation

Aceitação	Godkännande
Acordado	Vaken
Atenção	Uppmärksamhet
Bondade	Vänlighet
Clareza	Klarhet
Compaixão	Medkänsla
Emoções	Känslor
Gratidão	Tacksamhet
Hábitos	Vanor
Mental	Psykisk
Mente	Sinne
Movimento	Rörelse
Música	Musik
Natureza	Natur
Observação	Observation
Paz	Fred
Pensamentos	Tankar
Perspectiva	Perspektiv
Postura	Hållning
Silêncio	Tystnad

Mitologia
Mytologi

Arquétipo	Arketyp
Ciúmes	Svartsjuka
Comportamento	Beteende
Criação	Skapande
Criatura	Varelse
Cultura	Kultur
Desastre	Katastrof
Força	Styrka
Guerreiro	Krigare
Heroína	Hjältinna
Herói	Hjälte
Imortalidade	Odödlighet
Labirinto	Labyrint
Lenda	Legend
Mágico	Magisk
Monstro	Monster
Mortal	Dödlig
Relâmpago	Blixt
Trovão	Åska
Vingança	Hämnd

Móveis
Möbler

Almofada	Kudde
Almofadas	Kuddar
Banco	Bänk
Cadeira	Stol
Cama	Säng
Colchão	Madrass
Cortinas	Gardiner
Cômoda	Byrå
Espelho	Spegel
Estante	Bokhylla
Futon	Futon
Maca	Hängmatta
Mesa	Skrivbord
Poltrona	Fåtölj
Prateleiras	Hyllor
Sofá	Soffa
Tapete	Matta

Natureza
Natur

Abelhas	Bin
Abrigo	Skydd
Animais	Djur
Ártico	Arktisk
Beleza	Skönhet
Deserto	Öken
Dinâmico	Dynamisk
Erosão	Erosion
Floresta	Skog
Folhagem	Lövverk
Geleira	Glaciär
Nevoeiro	Dimma
Nuvens	Moln
Pacífico	Fredlig
Rio	Flod
Santuário	Fristad
Selvagem	Vild
Sereno	Lugn
Tropical	Tropisk
Vital	Avgörande

Nutrição
Näring

Amargo	Bitter
Apetite	Aptit
Calorias	Kalorier
Carboidratos	Kolhydrater
Comestível	Ätlig
Dieta	Kost
Digestão	Matsmältning
Equilibrado	Balanserad
Fermentação	Jäsning
Líquidos	Vätskor
Molho	Sås
Nutriente	Näringsämne
Peso	Vikt
Proteínas	Proteiner
Qualidade	Kvalitet
Sabor	Smak
Saudável	Friska
Saúde	Hälsa
Toxina	Toxin
Vitamina	Vitamin

Números
Nummer

Cinco	Fem
Decimal	Decimal
Dez	Tio
Dezesseis	Sexton
Dezessete	Sjutton
Dezoito	Arton
Dois	Två
Doze	Tolv
Nove	Nio
Oito	Åtta
Quatorze	Fjorton
Quatro	Fyra
Quinze	Femton
Seis	Sex
Sete	Sju
Treze	Tretton
Três	Tre
Um	Ett
Vinte	Tjugo
Zero	Noll

Oceano
Hav

Alga	Alger
Atum	Tonfisk
Baleia	Val
Barco	Båt
Camarão	Räka
Caranguejo	Krabba
Coral	Korall
Enguia	Ål
Esponja	Svamp
Golfinho	Delfin
Marés	Tidvatten
Medusa	Manet
Ostra	Ostron
Peixe	Fisk
Polvo	Bläckfisk
Recife	Rev
Sal	Salt
Tartaruga	Sköldpadda
Tempestade	Storm
Tubarão	Haj

Paisagens
Landskap

Cascata	Vattenfall
Caverna	Grotta
Colina	Kulle
Deserto	Öken
Enseada	Vik
Geleira	Glaciär
Golfo	Golf
Iceberg	Isberg
Ilha	Ö
Lago	Sjö
Mar	Hav
Montanha	Berg
Oásis	Oas
Pântano	Träsk
Península	Halvö
Praia	Strand
Rio	Flod
Tundra	Tundra
Vale	Dal
Vulcão	Vulkan

Países #2
Länder #2

Albânia	Albanien
Dinamarca	Danmark
França	Frankrike
Grécia	Grekland
Haiti	Haiti
Indonésia	Indonesien
Irlanda	Irland
Jamaica	Jamaica
Japão	Japan
Laos	Laos
Líbano	Libanon
México	Mexico
Nepal	Nepal
Nigéria	Nigeria
Paquistão	Pakistan
Rússia	Ryssland
Síria	Syrien
Somália	Somalia
Ucrânia	Ukraina
Uganda	Uganda

Pássaros
Fåglar

Avestruz	Struts
Águia	Örn
Cegonha	Stork
Cisne	Svan
Corvo	Kråka
Cuco	Gök
Flamingo	Flamingo
Frango	Kyckling
Gaivota	Mås
Ganso	Gås
Garça	Häger
Ovo	Ägg
Papagaio	Papegoja
Pardal	Sparv
Pato	Anka
Pavão	Påfågel
Pelicano	Pelikan
Pinguim	Pingvin
Pombo	Duva
Tucano	Toucan

Pesca
Fiske

Água	Vatten
Barbatanas	Fenor
Barco	Båt
Brânquias	Gälar
Cesta	Korg
Cozinhar	Kock
Equipamento	Utrustning
Exagero	Överdrift
Fio	Tråd
Gancho	Krok
Isca	Bete
Lago	Sjö
Mandíbula	Käke
Oceano	Hav
Paciência	Tålamod
Peso	Vikt
Praia	Strand
Rio	Flod
Temporada	Säsong

Piratas
Pirater

Aventura	Äventyr
Âncora	Ankare
Bússola	Kompass
Capitão	Kapten
Caverna	Grotta
Cicatriz	Ärr
Espada	Svärd
Ilha	Ö
Lenda	Legend
Mapa	Karta
Mau	Dålig
Moedas	Mynt
Oceano	Hav
Ouro	Guld
Papagaio	Papegoja
Perigo	Fara
Praia	Strand
Rum	Rom
Tesouro	Skatt
Tripulação	Besättning

Plantas
Växter

Arbusto	Buske
Árvore	Träd
Baga	Bär
Bambu	Bambu
Botânica	Botanik
Cacto	Kaktus
Erva	Ört
Feijão	Böna
Fertilizante	Gödsel
Flor	Blomma
Flora	Flora
Floresta	Skog
Folhagem	Lövverk
Grama	Gräs
Hera	Murgröna
Jardim	Trädgård
Musgo	Mossa
Pétala	Kronblad
Raiz	Rot
Vegetação	Vegetation

Preencher
För att Fylla

Balde	Hink
Bandeja	Bricka
Barril	Fat
Bolso	Ficka
Cesta	Korg
Envelope	Kuvert
Garrafa	Flaska
Gaveta	Låda
Jar	Burk
Mala	Resväska
Navio	Fartyg
Pacote	Paket
Pasta	Mapp
Saco	Väska
Tubo	Rör
Vaso	Vas

Profissões #1
Yrken # 1

Advogado	Advokat
Artista	Konstnär
Astrônomo	Astronom
Banqueiro	Bankir
Bombeiro	Brandman
Caçador	Jägare
Cartógrafo	Kartograf
Cientista	Forskare
Dançarino	Dansare
Editor	Redaktör
Embaixador	Ambassadör
Encanador	Rörmokare
Enfermeira	Sjuksköterska
Geólogo	Geolog
Joalheiro	Juvelerare
Marinheiro	Sjöman
Músico	Musiker
Pianista	Pianist
Psicólogo	Psykolog
Veterinário	Veterinär

Profissões #2
Yrken # 2

Agricultor	Bonde
Astronauta	Astronaut
Bibliotecário	Bibliotekarie
Biólogo	Biolog
Cirurgião	Kirurg
Dentista	Tandläkare
Detetive	Detektiv
Engenheiro	Ingenjör
Filósofo	Filosof
Fotógrafo	Fotograf
Ilustrador	Illustratör
Inventor	Uppfinnare
Investigador	Forskare
Jornalista	Journalist
Linguista	Lingvist
Médico	Läkare
Piloto	Pilot
Pintor	Målare
Professor	Lärare
Zoólogo	Zoolog

Restaurante # 2
Restaurang nr 2

Almoço	Lunch
Água	Vatten
Bebida	Dryck
Bolo	Kaka
Cadeira	Stol
Colher	Sked
Delicioso	Läcker
Especiarias	Kryddor
Fruta	Frukt
Garçom	Servitör
Garfo	Gaffel
Gelo	Is
Jantar	Middag
Legumes	Grönsaker
Macarrão	Nudlar
Ovo	Ägg
Peixe	Fisk
Sal	Salt
Salada	Sallad
Sopa	Soppa

Restaurante #1
Restaurang # 1

Alergia	Allergi
Café	Kaffe
Caixa	Kassör
Carne	Kött
Cozinha	Kök
Faca	Kniv
Frango	Kyckling
Garçonete	Servitris
Guardanapo	Servett
Ingredientes	Ingredienser
Menu	Meny
Molho	Sås
Pão	Bröd
Picante	Kryddad
Placa	Platta
Reserva	Bokning
Sobremesa	Efterrätt
Tigela	Skål

Roupas
Kläder

Avental	Förkläde
Blusa	Blus
Calça	Byxor
Camisa	Skjorta
Casaco	Päls
Chapéu	Hatt
Cinto	Bälte
Colar	Halsband
Jaqueta	Jacka
Jeans	Jeans
Luvas	Handskar
Meias	Strumpor
Moda	Mode
Pijama	Pyjamas
Pulseira	Armband
Saia	Kjol
Sandálias	Sandaler
Sapato	Sko
Suéter	Tröja
Vestido	Klänning

Surf
Surfa

Atleta	Idrottare
Campeão	Mästare
Espuma	Skum
Estilo	Stil
Estômago	Mage
Extremo	Extrem
Força	Styrka
Multidões	Folkmassor
Oceano	Hav
Onda	Våg
Popular	Populär
Praia	Strand
Principiante	Nybörjare
Rapidez	Hastighet
Recife	Rev
Tempo	Väder

Tecnologia
Teknologi

Arquivo	Fil
Blog	Blogg
Bytes	Byte
Câmera	Kamera
Computador	Dator
Cursor	Markör
Dados	Data
Digital	Digital
Estatísticas	Statistik
Fonte	Teckensnitt
Internet	Internet
Mensagem	Meddelande
Pesquisa	Forskning
Segurança	Säkerhet
Software	Programvara
Tela	Skärm
Virtual	Virtuell
Vírus	Virus

Tempo
Tid

Agora	Nu
Ano	År
Antes	Före
Anual	Årlig
Calendário	Kalender
Década	Årtionde
Dia	Dag
Futuro	Framtid
Hoje	Idag
Hora	Timme
Manhã	Morgon
Meio-Dia	Middag
Mês	Månad
Minuto	Minut
Momento	Ögonblick
Noite	Natt
Ontem	Igår
Relógio	Klocka
Semana	Vecka
Século	Århundrade

Tipos de Cabelo
Hårtyper

Branco	Vit
Brilhante	Skinande
Cachos	Lockar
Careca	Skallig
Cinza	Grå
Colori	Färgad
Encaracolado	Lockigt
Fino	Tunn
Grosso	Tjock
Loiro	Blond
Longo	Lång
Marrom	Brun
Ondulado	Vågig
Prata	Silver
Preto	Svart
Saudável	Friska
Seco	Torr
Suave	Mjuk
Trançado	Flätad
Tranças	Flätor

Vegetais
Grönsaker

Abóbora	Pumpa
Aipo	Selleri
Alcachofra	Kronärtskocka
Alho	Vitlök
Batata	Potatis
Beringela	Äggplanta
Brócolis	Broccoli
Cebola	Lök
Cenoura	Morot
Chalota	Schalottenlök
Cogumelo	Svamp
Ervilha	Ärta
Espinafre	Spenat
Gengibre	Ingefära
Nabo	Rova
Pepino	Gurka
Rabanete	Rädisa
Salada	Sallad
Salsa	Persilja
Tomate	Tomat

Veículos
Fordon

Ambulância	Ambulans
Avião	Flygplan
Balsa	Färja
Barco	Båt
Bicicleta	Cykel
Caminhão	Lastbil
Caravana	Husvagn
Carro	Bil
Foguete	Raket
Helicóptero	Helikopter
Jangada	Flotte
Lambreta	Skoter
Metrô	Tunnelbana
Motor	Motor
Ônibus	Buss
Pneus	Däck
Submarino	Ubåt
Táxi	Taxi
Transporte	Skyttel
Trator	Traktor

Verão
Sommaren

Acampamento	Camping
Alegria	Glädje
Amigos	Vänner
Casa	Hem
Estrelas	Stjärnor
Família	Familj
Jardim	Trädgård
Jogos	Spel
Lazer	Fritid
Livros	Böcker
Mar	Hav
Mergulho	Dykning
Música	Musik
Praia	Strand
Relaxamento	Avkoppling
Sandálias	Sandaler
Viagem	Resa

Virtudes #1
Dygder #1

Apaixonado	Passionerad
Artístico	Konstnärlig
Bom	Bra
Confiante	Säker
Curioso	Nyfiken
Decisivo	Avgörande
Eficiente	Effektiv
Encantador	Charmig
Engraçado	Rolig
Generoso	Generös
Imaginativo	Fantasifull
Independente	Oberoende
Inteligente	Intelligent
Limpo	Ren
Modesto	Blygsam
Paciente	Patient
Prático	Praktisk
Sábio	Klok
Útil	Hjälpsam

Xadrez
Schack

Branco	Vit
Campeão	Mästare
Concurso	Tävling
Desafios	Utmaningar
Diagonal	Diagonal
Estratégia	Strategi
Jogador	Spelare
Jogo	Spel
Oponente	Motståndare
Passivo	Passiv
Pontos	Poäng
Preto	Svart
Rainha	Drottning
Regras	Regler
Rei	Kung
Sacrifício	Offra
Tempo	Tid
Torneio	Turnering

Parabéns

Conseguiu!

Esperamos que tenha gostado tanto deste livro como nós gostamos de o desenhar. Esforçamo-nos por criar livros da mais alta qualidade possível.
Esta edição foi concebida para proporcionar uma aprendizagem inteligente, de qualidade e divertida!

Gostou deste livro?

Um simples pedido

Estes livros existem graças às críticas que publica.
Pode ajudar-nos, deixando agora uma revisão?

Aqui está um pequeno link para
a sua página de revisão:

BestBooksActivity.com/Avaliacoes50

DESAFIO FINAL!

Desafio n° 1

Está pronto para o seu jogo grátis? Usamo-los a toda a hora, mas não são tão fáceis de encontrar - aqui estão os **Sinônimos!**

Escreva 5 palavras que encontrou nos puzzles (n° 21, n° 36, n° 76) e tente encontrar 2 sinónimos para cada palavra.

Escreva 5 palavras de *Puzzle 21*

Palavras	Sinônimo 1	Sinônimo 2

Escreva 5 palavras de *Puzzle 36*

Palavras	Sinônimo 1	Sinônimo 2

Escreva 5 palavras de *Puzzle 76*

Palavras	Sinônimo 1	Sinônimo 2

Desafio n° 2

Agora que já aqueceu, escreva 5 palavras que encontrou nos Puzzles (n° 9, n° 17 e n° 25) e tente encontrar 2 antônimos para cada palavra. Quantos se podem encontrar em 20 minutos?

Escreva 5 palavras de **Puzzle 9**

Palavras	Antônimo 1	Antônimo 2

Escreva 5 palavras de **Puzzle 17**

Palavras	Antônimo 1	Antônimo 2

Escreva 5 palavras de **Puzzle 25**

Palavras	Antônimo 1	Antônimo 2

Desafio n° 3

Óptimo! Este desafio final não é nada para si.

Pronto para o desafio final? Escolha 10 palavras que tenha descoberto nos diferentes puzzles e escreva-as abaixo.

1.	6.
2.	7.
3.	8.
4.	9.
5.	10.

Agora escreva um texto a pensar numa pessoa, num animal ou num lugar de seu agrado.

Pode utilizar a última página deste livro como um rascunho.

A Sua Composição:

CADERNO DE NOTAS:

ATÉ BREVE!

A equipa Inteira

DESCUBRA JOGOS GRATUITOS

GO

↓

BESTACTIVITYBOOKS.COM/FREEGAMES

www.ingramcontent.com/pod-product-compliance
Lightning Source LLC
Chambersburg PA
CBHW081706120626
46550CB00010B/3032